最新保育講座
11

保育内容「表現」

平田智久・小林紀子・砂上史子 編

ミネルヴァ書房

はじめに

保育内容「表現」を学ぶ人のために

　幼稚園教育要領の領域が5つになって20年が経過しました。それ以前は6領域でしたが，その時も領域は教科ではないと明示していました。しかし現在でも絵を描かせること，間違えずに演奏すること，指示したとおりに踊ることが横行しています。世の中のほとんどがマニュアルを頼りに行動していますから，"指示通り"が当たり前になっています。そうしたなかで「表現」を真摯に考え実行することは勇気が必要です。「表現」の源は一人ひとりのなかにあります。そのことを理解するキーワードは〈感じる・考える・行動する〉です。人はみんな，さまざまな感覚器官を駆使して〈感じ〉ます。そしてその人の興味関心が基になって〈考え〉ます。そして自分の考えに基づいて〈行動〉します。そうした流れが「表現」の源流です。本書は人間がもっている〈感じる〉こと，〈考える＝思う・イメージする〉こと，そして〈行動する＝表現する〉ことを大切に育てていける保育の原点を提案しています。

　その保育の原点を見つめるためには，大人になってしまったあなた自身を見つめ直し，今までの型にはまった表現ではなく，あなたの感性を発揮することから始めてみましょう。あなたの表現に賛同してもらえる嬉しさはあなたの自信になります。また，友達の表現のステキに気づくことも大事です。そうして人と人とが触れ合い，大切にしあえるのです。そのことはあなたの生き方を変えていきます。さらに子どもたちの生き方にも大きく影響していきます。それが今必要とされている生きる力を育てる「表現」の意味です。

　2010年1月

平田智久

もくじ

はじめに

第1章 保育の基本と保育内容「表現」 1

1. 保育の基本とは —————————————————————————— 3
2. 保育内容とは ———————————————————————————— 5
   1. 保育の「ねらい」と「内容」 5
   2. 領域「表現」の「ねらい」——変わらないけれど再確認すべきこと 6
   3. 領域「表現」の内容——2008年改訂で加わったこと 10
3. 他の領域と相互的にかかわっていることの再確認 ———————— 13
   1. 領域「健康」との関係 13
   2. 領域「人間関係」との関係 14
   3. 領域「環境」との関係 15
   4. 領域「言葉」との関係 16
4. 領域を越えて共通のこと ———————————————————— 17

第2章 保育内容「表現」の歴史的変遷 21

1. 領域「表現」以前の保育内容 —————————————————— 23
2. 領域「表現」の誕生 ——————————————————————— 25
3. 領域「表現」と保育者の役割 —————————————————— 28
   1. 子どもが感じ取るものとしての環境を意識する 29
   2. 子どもの気持ちを読み取り, 返す 30
   3. 子どもが表現を生み出すための環境を構成する 31

第3章

子どもの存在と表現 33

1 表現者としての存在，身体としての存在 ──────── 35
　❶表現の基盤としての身体に注目する　35
　❷子どもの身体を理解することの重要性　35
　❸子どもの行為を表現としてみる　36
　❹保育者の身体の重要性　38
2 表現における他者の存在 ─────────────── 40
3 表現者としての育ち ──────────────── 41
　❶偶然を楽しむことから目的をもって楽しむことへ　41
　❷自分の表現へのまなざしが現れる　43

第4章

子どもの豊かな感性と表現を育む環境 45

1 求められる「豊かな感性と表現を育む環境」 ───────── 47
　❶環境との相互作用のなかで表現する子ども　47
　❷環境の変化を視野に　48
2 子どもと時間 ────────────────── 49
　❶失われつつある子どもの時間　49
　❷保育における時間と子どもの表現　49
3 子どもと空間 ────────────────── 51
　❶子どもが主体の空間　51
　❷隠れ家的空間　52
　❸高低・風・光・水を体感できる空間　53
4 子どもとモノ ────────────────── 53
　❶人工物に溢れるモノ環境　53
　❷園におけるモノ環境　54
　❸モノの組み合わせと子どもの表現　55
5 子どもと情報 ────────────────── 56

❶メディアミックス戦略による消費情報　56
❷ステレオタイプ的情報と子どもの表現　57
❸情報の再構築と子どもの表現　58
6 子どもと人───────────────────────58
❶かけがえのない他者と子どもの表現　58
❷共存感覚と子どもの表現　59

第5章 諸感覚を通しての感性と表現　63

1 視覚（見る・観る）────────────────65
❶視覚のはたらき　65
❷視覚をひらく　66

2 聴覚（聞く・聴く）────────────────68
❶聴覚のはたらき　68
❷聴覚をひらく　70

3 嗅覚（嗅ぐ・香る）────────────────71
❶においの影響　71
❷嗅覚をひらく　73

4 味覚（味わう）──────────────────74
❶舌のはたらき　74
❷食育の推進　75
❸味覚をひらく　75

5 触覚（さわる・ふれる）──────────────77
❶手ざわり，肌ざわり　77
❷触覚をひらく　78

第6章 生命に対する感性と表現　81

1 生きているということ───────────────83
2 生き物とかかわる─────────────────84
❶虫とのかかわり　84

❷飼育動物とのかかわり　85
３ 植物とかかわる———————————————————————— 87
　　　❶木や草花とふれあう　87
　　　❷花や野菜を育てる　88
４ 命をいただくということ————————————————————— 89
５ 死をみつめる————————————————————————— 90
　　　❶動物の死　90
　　　❷身近な人の死　91
６ 生命に対する感性と表現を育てる援助———————————————— 93
　　　❶誕生日を祝う　93
　　　❷生命について考える絵本　95

第7章

音・音楽に対する感性と表現　97

１ 音楽的表現の芽生え————————————————————— 99
　　　❶身近な自然や生活の音に耳を傾ける　99
　　　❷言葉から音楽へ　102
　　　❸身体で感じるリズム　103
２ 音楽的表現を育む—————————————————————— 105
　　　❶歌う　106
　　　❷楽器で遊び，演奏する　108
　　　❸音楽にあわせて踊る　109
３ 子どもの感性を育む音環境——————————————————— 111
　　　❶物理的な音環境　111
　　　❷人的な音環境　112
　　　❸音に対する感性を育む　113

第8章

造形に対する感性と表現　115

１ 「感じて」「考えて」「行動する」ことの重要性———————————— 117
　　　❶造形行動は内的循環の繰り返し　117

❷「感じて」は感覚を駆使すること　118
2 造形の特性 — 119
❶「もの」を媒体として　119
❷造形的思考力　121
3 造形的思考力と「表現」— 123
❶造形的思考力と「表現」①　124
❷造形的思考力と「表現」②　125
❸造形的思考力と「表現」③　127
4 「結果主義」からの脱却 — 128
5 表現はコミュニケーション — 129

第9章
園環境が育む"子どもの感性と表現"　133

1 ダイナミックな環境を生かした「かぐのみ幼稚園」— 135
❶かぐのみ幼稚園の園環境　135
❷ダイナミックな環境を生かした保育——園の実践紹介　135
❸かぐのみ幼稚園の実践からの学び　142

2 家庭との連携を大切にした「あゆみ幼稚園」— 144
❶あゆみ幼稚園の園環境　144
❷家庭との連携を大切にした保育——園の実践紹介　146
❸あゆみ幼稚園の実践からの学び　149

3 豊かな自然環境を生かした「中瀬幼稚園」— 150
❶中瀬幼稚園の園環境　150
❷豊かな自然環境を生かした保育——園の実践紹介　152
❸中瀬幼稚園の実践からの学び　159

4 子どもの多様なかかわりを重視した「ゆうゆうのもり幼保園」— 160
❶ゆうゆうのもり幼保園の園環境　160
❷子どもの多様なかかわりを重視した保育——園の実践紹介　160
❸ゆうゆうのもり幼保園の実践からの学び　166

第10章 子どもの感性と表現を育む保育者　169

- **1 表現者としての存在** ── 171
  - ❶保育者との信頼関係　171
  - ❷保育者の役割　173
- **2 表現者としての成長** ── 175
  - ❶表現者としての保育者・保育者としての成長　175
  - ❷自分自身の成長と研修　176
- **3 保育集団のありよう** ── 180
- **4 保育の計画** ── 181
  - ❶日常保育と行事との関連　181
  - ❷協同する経験との関連　183
  - ❸みんなで楽しむ活動との関連　185

第11章 保育内容「表現」の課題　189

- **1 家庭・地域との連携と子どもの表現** ── 191
  - ❶社会の変化と子どもの表現　191
  - ❷家庭・地域とともにメディア・リテラシーの獲得を　192
- **2 身体性と子どもの表現** ── 193
  - ❶保育における身体性の重要性　193
  - ❷身体性における現代の環境の問題　194
  - ❸保育者自身の表現力を育むために　195
- **3 保育者養成と子どもの表現** ── 196
  - ❶表現力の劣化の問題　196
  - ❷保育者養成校に求められる表現の指導と内容　197
- **4 保育環境と子どもの表現** ── 200
  - ❶「保育の新と真」の視点から再考を　200
  - ❷身体性を取り戻す環境を　201

各章扉裏イラスト：大枝桂子

保育の基本と
保育内容「表現」

　2008年の幼稚園教育要領および保育所保育指針の改訂の意義をとらえながら，保育の基本と領域「表現」の保育内容について学んでいきます。また，領域「表現」と他の領域との関連についても考え，「表現」の位置づけなどについても考えを深めることが"遊びを通した総合的な指導"を実現していく上で重要になります。

　領域「表現」も他の領域と同様に保育の基本としての大枠では変わっていません。それだけ重要なことは理解できますが，その解釈については社会が変化していることに合わせて「ねらい」の項目を変更しています。たとえば柔軟な人と人とのかかわりが希薄になっていることや，結果主義（成果や作品づくりが目的になってしまっていること）への警鐘として「表現」の見直しを図っています。なお，本章では特に幼稚園教育要領を中心に述べていきますが，保育所保育指針においても同様のことが重視されています。

　以上の観点を重視して，既存の「表現」のとらえ方との違いを明らかにしていき，具体的に「表現」活動をどのように展開することが望ましいのかをつかみ取ってほしいのです。

第1節 保育の基本とは

　2007年6月に学校教育法の一部が改正され，その第3章「幼稚園」第22条で，幼稚園の目的として，「幼稚園は，義務教育及びその後の教育の基礎を培うものとして，幼児を保育し，幼児の健やかな成長のために**適当な環境を与えて，その心身の発達を助長する**ことを目的とする」と示されています。この太字で示したことが「保育の基本」であり目的です。

　また第23条には，幼稚園の目的を実現するための目標として，以下のように示しています。

【学校教育法第23条】
　幼稚園における教育は，前条に規定する目的を実現するため，次に掲げる目標を達成するよう行われるものとする。
一　健康，安全で幸福な生活のために必要な基本的な習慣を養い，身体諸機能の調和的発達を図ること。
二　集団生活を通じて，喜んでこれに参加する態度を養うとともに家族や身近な人への信頼感を深め，自主，自律及び協同の精神並びに規範意識の芽生えを養うこと。
三　身近な社会生活，生命及び自然に対する興味を養い，それらに対する正しい理解と態度及び思考力の芽生えを養うこと。
四　日常の会話や，絵本，童話等に親しむことを通じて，言葉の使い方を正しく導くとともに，相手の話を理解しようとする態度を養うこと。
五　音楽，身体による表現，造形等に親しむことを通じて，豊かな感性と表現力の芽生えを養うこと。

　さらに，幼稚園教育要領の第1章「総則」第1「幼稚園教育の基本」でも，次のように規定しています。

　幼児期における教育は，生涯にわたる人格形成の基礎を培う重要なものであり，幼稚園教育は，学校教育法第22条に規定する目的を達成するため，幼児期の特性を踏まえ，環境を通して行うものであることを基本とする。

　さらに，教師は幼児との信頼関係を十分に築くこと，幼児と共によりよい教育環境を創造するように努めることを明記しています。そして幼児教育を行う際，3つの事項について重視することも示されてい

るので，要約して以下に示します。

1 幼児の主体的な活動を促し，幼児期にふさわしい生活が展開されるようにすること。
2 遊びを通しての指導を中心として総合的に達成されるようにすること。
3 幼児一人一人の特性に応じ，発達の課題に即した指導を行うようにすること。

また，保育所保育指針では，第1章「総則」3「保育の原理」において，「保育の目標」が以下のように示されています。

(1) 保育の目標
　ア　保育所は，子どもが生涯にわたる人間形成にとって極めて重要な時期に，その生活時間の大半を過ごす場である。このため，保育所の保育は，子どもが現在を最も良く生き，望ましい未来をつくり出す力の基礎を培うために，次の目標を目指して行わなければならない。
　　(ア) 十分に養護の行き届いた環境の下に，くつろいだ雰囲気の中で子どもの様々な欲求を満たし，生命の保持及び情緒の安定を図ること。
　　(イ) 健康，安全など生活に必要な基本的な習慣や態度を養い，心身の健康の基礎を培うこと。
　　(ウ) 人との関わりの中で，人に対する愛情と信頼感，そして人権を大切にする心を育てるとともに，自主，自立及び協調の態度を養い，道徳性の芽生えを培うこと。
　　(エ) 生命，自然及び社会の事象についての興味や関心を育て，それらに対する豊かな心情や思考力の芽生えを培うこと。
　　(オ) 生活の中で，言葉への興味や関心を育て，話したり，聞いたり，相手の話を理解しようとするなど，言葉の豊かさを養うこと。
　　(カ) 様々な体験を通して，豊かな感性や表現力を育み，創造性の芽生えを培うこと。
　イ　（略）

以上のように学校教育法および幼稚園教育要領，保育所保育指針に示されている目的や目標に向けた教育・保育を行うことが決められており，保育内容「表現」もそうした考えに呼応しなくてはなりません。

第2節 保育内容とは

❶保育の「ねらい」と「内容」

　幼稚園や保育所では，子どもたちが自分たちで主体的に生活が展開できるように生活習慣を身につけることや，友達との遊びを通して生きていくための基礎を育てていくことが求められています。そのような基礎となる力をどのように育てていくか，何を大切にして保育をしていくかということを幼稚園教育要領や保育所保育指針では「保育内容」として示しています。

　保育所保育では，養護と教育を一体的に行うことを特性としており，保育所保育指針では保育内容も「養護」と「教育」に分けて示されています。「養護」とは生命や情緒の安定に関する側面であり，「教育」は生涯にわたりたくましく生きていく力の基礎を培うものであり「健康」「人間関係」「環境」「言葉」「表現」の5領域によってその内容が示されています。

　幼稚園教育要領でも，保育所保育指針と同様の5領域によって示されています。

　この「領域」というのは，それぞれが別々に育っていくものではなく，子どもたちの発達を見る視点としてあるのであり，子どもたちの発達はこれらの領域が相互に影響しながら総合的に発達していくということを理解することが重要です。つまり，子どもたちは，園生活のなかで，さまざまな体験を積み重ねながら日々成長していくのです。その際に，子どもたちに必要な体験を積み重ねられるように，必要な事項として示しているのが「ねらい」や「内容」です。

　「ねらい」と「内容」は，幼稚園教育要領第2章「ねらい及び内容」において，「幼稚園修了までに育つことが期待される生きる力の基礎となる心情，意欲，態度などであり，内容は，ねらいを達成するために指導する事項である」と示されています。保育所保育指針でも同様に，「ねらい」は子どもが身に付けることが望まれる心情，意欲，態度などの事項を示したものとし，「内容」については「ねらい」を達

成するために子どもが環境にかかわって経験する事項などを示したものとしています。

そして，子どもの発達の側面を5つの領域という視点から見つめ，感性と表現に関する領域を「表現」として示しています。その「表現」の考え方としては，以下の3つがポイントになります。

・丸ごとの園環境が，子どもの豊かな感性と表現力の芽生えを支える。
・子どもは，環境からさまざまな情報を豊かに感じ，身体を含めたさまざまな方法で表現する。
・幼児一人一人の特性や発達の課題に応じた指導を行うようにすること。

まさに「表現」の果たす役割は具体的，現実的な行為であるので，総合的な指導・保育を行うにあたってその重要性は極めて大きいと考えなくてはなりません。

❷領域「表現」の「ねらい」
——変わらないけれど再確認すべきこと

領域「表現」の「ねらい」は2008年の改訂では変更されていません。幼稚園教育要領における，領域「表現」の「ねらい」とは，以下の3つです。なお，保育所保育指針における領域「表現」の「ねらい」も同様です。

(1) いろいろなものの美しさなどに対する豊かな感性をもつ。
(2) 感じたことや考えたことを自分なりに表現して楽しむ。
(3) 生活の中でイメージを豊かにし，様々な表現を楽しむ。

しかし，子どもたちとかかわっているさまざまな人たちが「表現」の「ねらい」のなかの「感性」「自分なりに表現する」「生活の中で」という文言について共通の考え方になっているのかが気がかりです。そこでその3つの文言を中心に「表現」とは何かについて考えてみたいと思います。

①「表現」の意味を再確認

一般的に「表現」は，歌ったり演じたり，描いたりつくったりなど能動的な行動として考えられています。しかし，「表現」という熟語を「表」と「現」とに分けて考えてみると，意思のある「表」と，内的な変化が無意識のうちに現れてしまう「現」との組み合わせだと考

えられます。つまり「ねえ，聞いて」「見て」など日常のなかの意思表明は「表」です。また「現」は，その日その時の体調や心もちが微妙に変化していることが内的な変化として現われているものが「現」です。

その「表」は「先生見て！」「あのね…聞いて」というもので，子どもに寄り添って聴く耳をもつことで成り立ちます。つまり，子どもの意思を受け止めることが大切になります。また「現」は内的な変化を自分以外の人が感じ取って（読み取って）くれることで成り立つことから，子どもの思いを感じ取り，伝えることで「え，ぼくのことわかってくれてるんだ」と信頼関係が深まることになります。

この「表」と「現」とをそれぞれ大切に受け止め感じるには，「表」は子どもの発達や育ちの特性を理解することと，大人の概念で「ここはこうでしょ」と決め付けないことが重要になります。「現」は子どもの内面そのもので，それを近くにいる保育者が感じ取ることが基本であることから，音や声，描線の強弱，指先から身体すべての動きまでの微妙な変化に気づき反応できることが重要になります。そうした関係を保育者と子どもとの間にもつことから「表現」が成り立つのです。その「表現」の関係は保育者だけでなく，子どもと親や身近な大人との間にも，子ども同士にも存在します。つまりコミュニケーションの手段としての「表現」でもあるのです。そう考えると大人同士のコミュニケーション力が低下している現代に欠落しているのも，この「表現」の考え方なのではないでしょうか。

②「ねらい」のなかの「豊かな感性」を再確認

「感性」とは感じることをいうのではありません。さまざまな感覚器官で身近なことを感じ，感じたことをもとに考えたり思ったりする，その考えや思いを具体的な行動に移す。つまり，「感じる」という入り口から，考えたり思うことを経て，「行動する」という出口までの一連の行為を「感性」というのです。身近なさまざまなものに「感じる」ということは，感性の入り口であることから大切となります。

その好奇心＝興味関心は「考える」時の原動力にもなりますが，感覚器官に直接働きかけることもあります。たとえば，大人でも洋服に興味があると，他人の着ている（ショウウインドウに飾ってある）服に注目してしまうのと同じです。子どもたちの日常でも虫好きの子は虫を素早く発見します。好きではなくても「これ何だ」とさまざまなものを発見し，さわったり拾ったりします。そして形や色のおもしろさ

に気づくだけでなく，硬さやもろさも感じ取っていきます。ある時はたくさんのトンボを見て，その様子から「遠足に行くみたい」と表現したり，「あのトンボ，色が違う」と発見したりなど，文学的だったり科学的だったりと，出口である行為が多彩な答えとなっていきます。それこそが「感性の豊かさ」であり，その好奇心＝興味関心の広さこそが子どもの育ちに大切なのです。

　しかし感性の出口である行為が，通り一遍の答え，たとえば何にでも「かわいい」を連発するようなことは，「感性」が乏しいといえます。そう考えると，保育者や親が子どもの「表現」を受け止める際にどの子に対しても，どんな時にでも「あっ，できたの，じょうずね」などと同じ言葉で応える環境は望ましくありません。子ども一人ひとり，思いも感動も工夫したところも違うのですから。一人の子どもでも時に応じて心もちは異なるものですから「表現」が違うのは当然です。そうした違いを受け止めてくれる環境のなかで育つ子どもたちは，自分自身に誇りを感じたり自信をもって行動できるように育ってくれるでしょう。また，友達のよさ（自分と違うところ）を感じ取れる，つまり，人間同士認め合える環境になっていくのではないでしょうか。

　また，「みんなで同じ表現」を強要する活動は望ましくありません。しかし，気の合った子どもたちが一緒に動物になりきって遊ぶというのは「同じ表現」に見えますが，子ども同士，共に認め合っている活動なので望ましい活動といえます。そうした認め合いは社会性の育ちとしても重要です。一方，一見同じように見えますが，保育者の指示のもとで右を向いてトントン，左を向いてトントン，というような発表会を目にすることがあります。華やかでそろっていますが，子ども主体の保育とはいえません。また，絵の活動も壁一面に同じ絵が並んでいる展覧会を見たことがあります。どちらも指示通りの行動を強要され，その通りに行動できる子がよい子で，なかなか言われた通りにできない子はダメな子のレッテルが貼られてしまうという保育は，子ども一人ひとりを育てていないのです。「生きる力」には程遠い保育といえます。

③「ねらい」のなかの「自分なりに表現する」を再確認

　「表現」ということについては，前の「①『表現』の意味を再確認」でふれました。表現とは「感じて」「考えて」「行動する」ことです。身近な情報や刺激を感覚器官で受け止めて，脳で考えたり思ったりして，言葉にしたり身振りだったり，音やものに託したりなどして表す

こと，さらにその時折の心に合わせて，語調や筆の勢いが強かったり弱かったり，喜んだり怖かったりして，早く走ったりそっと立ち止まったりなど，態度に現われることです。つまり，意思のある行動と，内的な変化の両面があることを再認識することが重要になります。同じ音を聞いても感じ方や考え方は人によって違います。好きな音楽でも，「今日はなぜか聴きたくない」という具合に日によっても異なります。つまり，受け止め方（感じ方）は人によって違いますし，同じ人でもその日の体調や気分によって変わるものなのです。「感じ方」が変われば「考え方」も「行動」も変わります。そうした人によって違うことが「表現」ですから，この「自分なりに表現する」ことが基本になるのです。そのため，「答えが1つ」ではないことが前提です。そうした意味からも②で述べた「みんなで同じ表現」は行ってはいけないのです。

「自分なりに表現する」ことが基本といいましたが，その「自分なりに表現する」とは年齢や性別，興味関心，経験の有無，体調や心もちによって変わります。それは子どもだけではなく大人も同様です。ですから，子ども理解は大人のあなたが自分を振り返って考えてみると一番理解しやすいのではないでしょうか。

興味関心は誰しも一年前と今とは違っています。もちろん，ずっと同じ興味関心をもち続けている人もいると思います。しかし，体調は日々変化するので，その変化によって「自分なりに……」になります。ある時は情動的に，情緒を安定させるために……と。

そうした心もちまでも理解しあえることが，子どもにも大人にも必要なことです。しかし，今までの保育や教育のなかで，心もちのありようは重視されてこなかった部分といえます。今日のさまざまな残忍な出来事を思い出してみると，情動を吐き出すための，情緒安定のための活動が可能な時と場とが必要なことをあえて再認識しなければなりません。

保育のなかでも，そうした活動を保障することは必要です。情動的なエネルギーを思い切り吐き出しぶつけられることは，「音を思い切り出すことから音楽へ」や，「ものに触れて力の限りぶつけられる＝破壊から創造へ」など，変化させることが可能となります。そうした心の動きに呼応した「表現」活動こそ，人間らしさを求め育てる保育・教育に必須なことだと思います。

④「ねらい」のなかの「生活の中で」を再確認

　日常の生活からかけ離れたテーマや活動を提案して、結果重視の作品づくりや共同の活動などをすることはさけたほうがよいでしょう。特別な生活体験を企画しなくても、日常のなかで子どもたちは好奇心＝興味関心を十分に発揮しています。その姿を見逃さない保育をしようとすることが大切なのです。

　子どもでも大人でも自分が生活しているなかで「感じて」「考えて」「行動」しているから、心の動きも生活のなかから生まれてきます。

　その好奇心＝興味関心こそ、一人ひとり違っています。もし同じことに関心があれば、仲間づくりのきっかけになります。「違っていることがステキなこと」、「同じというれしさ」の両方が大事で、これは日常のなかの出来事だからこそ味わえることなのです。

❸領域「表現」の内容──2008年改訂で加わったこと

　❷で見たように、「ねらい」については、2008年の改訂では、変更がありませんでしたが、「内容」については、いくつか変更がありました。ここで示す内容は保育所保育指針についても同様のことがいえますが、ここでは、幼稚園教育要領を中心に「表現」の「内容」と「内容の取扱い」の変更点を見ながら、「表現」の理解をさらに深めたいと思います。なお、具体的に、変更があった箇所については、下線を引いています。

① 「感じること」の重要性

> 内容(1)
> 　生活の中で様々な音、色、形、手触り、動きなどに気付いたり、感じたりするなどして楽しむ。

　この「気付く」ことに加えて「感じたりする」を加えたのは、表現とは「感じて」「考えて」「行動する」と前出でふれたとおり、「感じること」は表現行動には欠かせないからです。興味関心がある事象や出来事には「気付く」ことになります。しかし、興味関心がなくても自分以外の人の行動に直面して「気持ちよさそう」とか「不思議」を感じることから、やってみたくなることは往々にしてあります。そうした新たな刺激を受け入れる窓口こそ、感覚器官を駆使した「感じること」なのです。

　この「感じて」「考えて」「行動する」ことは他の人から刺激をもら

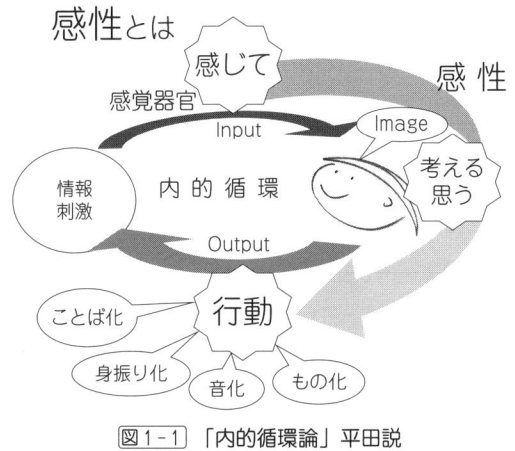

図1-1 「内的循環論」平田説

うばかりでなく，自分で「行動」した結果を自分でまた「感じて」新たな考えを広げ「行動」する，という繰り返しによってイメージを広げたり考えを深めたりなどしていくのです（図1-1）。

子どもたちの造形活動もこうした「内的循環」で生まれていきます。「円を描いたら『ママ』と思った」「目を描きたくなった」そして「口も髪の毛も洋服も」と活動が広がっていく，という事例もそうした「内的循環」の行動なのです。

②自己表現を楽しめるようになるために

> 内容の取扱い(3)
> 生活経験や発達に応じ，自ら様々な表現を楽しみ，表現する意欲を十分に発揮させることができるように，遊具や用具などを<u>整えたり，他の幼児の表現に触れられるよう配慮したりし</u>，表現する過程を大切にして自己表現を楽しめるように工夫すること。

(1) <u>「他の幼児の表現に触れられるように配慮する」</u>とは

「表現」とは，意思のある「表現」と内的な変化の「表現」との両面があり，どちらも相手があって成り立つものです。「ねえ見て」「あっ，それおもしろいね」と言えるには，相手がいる環境が必要です。保育者と子どもはもちろんですが，子どもと子ども，親と子どもも大事です。そうした発信したり受け取ったりする環境づくりが保育には必要だということです。

○お互いに影響しあうこと

特に，子どもと子どものかかわりは，子どもの育ちの面から必要なことです。そこに集団で育つ意味があります。人間にとって人から認められるということは，生きる力になります。大人も同じですが，子

どもの育ちは3歳頃から親以外の他人＝友達を意識するようになります。4歳になると一層目覚しく，友達と一緒になって活動するようになります。時にはぶつかり合うことも折り合いをつけることも学びます。「かっこいい，やってみたい」「ぼくはできるよ」などとお互いに影響し合える環境が大事なのです。

　保育する上で「個の充実」と「集団の充実」を図る意味がここにあります。お互いの良さを認め合える集団として育つこと，そうした集団の力が一人ひとりの考えや行動力を高めていくのです。つまり，個を育てることと集団を高めることを交互に考えることが保育を充実させる近道ともいえるのです。

〇表現はコミュニケーション

　「ねぇあのね……」と，考えや思いを伝えて，「そうか，いい考え，やってみようか」と応えてくれる関係が育つ「表現」と，言葉にはしなくても黙々とやっている友達の様子を見て「おもしろそう，やってみたいな」と同じようにやり始めるといった「表現」は，相互のやりとり＝コミュニケーションにほかなりません。そのコミュニケーションは新たな人間関係をつくっていきます。

　遊んでいる時の子どもたちはまさにコミュニケーションの応酬にも思えます。風呂敷を身に着けて踊っている子の様子に共感して，自分も風呂敷を探して身に着け，その子の傍で踊り始めることもしばしばあります。言葉にしてコミュニケーションをとるわけではなく，友達の動き？　コスチューム？　音？　など，何かに共感し，行動を通して自らの意思表示をしているといえます。

　子どもばかりでなく大人も「もの」と出会い，さまざまな刺激をもらい，その時折の心もちで対応します。激しい気持ちを「もの」にぶつけると「もの」が反応して激しい音を発したり，その形状を変化させ保持してくれます。その様子を見たり聞いたりして激しさが安らいだり，もっと気持ちをぶつけたくなったりします。心もちに呼応して「もの」に託し，心を穏やかにする，つまり，情動を吐き出したり情緒を安定させる効用が「もの」の性質にはあります。そうした「もの」とのコミュニケーションをたくさん体験することは，大人になってからも心をコントロールするために必要な手段を体得していくことにつながる重要なことです。

(2)「表現する過程を大切にして」とは

　「表現」に至るまでの心の動きは人によって違い，その違いは年齢

や性別，興味関心，経験の有無，体調や心もちによるといえます。それぞれの心の動きであるから，それぞれの「自己表現を楽しむ」ことにつながるのです。「内容の取扱い」(3)のポイントは「表現する過程を大切にすること」とともに「自己表現を楽しめるように工夫すること」です。その「楽しめるように工夫すること」とは画一的な表現（活動や作品）を求めた工夫ではありません。上手い下手という言い方の「表現」でもありません。一人ひとりの「表現」したい欲求が出せる環境づくりこそが重要です。考えや思いが率直に出せるということは，受け止めてくれる環境として保育者や友達の関係が整っているということです。そうした関係が保てる工夫こそが求められています。「自分なりに表現して楽しむ」という「ねらい」(2)に示されたとおりです。感覚器官もイメージも行動も自分自身のものです。心の動きそのものを大切に受け止め，認め合える保育の実現こそ重要なのです。

第3節　他の領域と相互的にかかわっていることの再確認

　ここでは，領域「表現」と他の領域との関連について考えます。ここも第2節と同様に，幼稚園教育要領にもとづいて考えていきますが，基本的な考え方は保育所保育指針でも同様です。
　以下に各領域との関連について述べていきます。

❶領域「健康」との関係

　領域「健康」の「内容」の「(5)先生や友達と食べることを楽しむ」は，一見「表現」と関係がないようにも思えますが，食べるという行為そのものは，一人ひとりの心もちが「表現」されています。そして，一緒に感じあいながら食べるということが楽しむことになるのです。
　また，「内容の取扱い」の「(1)（…略…）幼児が教師や他の幼児との温かい触れ合いの中で自己の存在感や充実感を味わうことなどを基盤として（…略…）」「(2)様々な遊びの中で，幼児が興味や関心，能力に応じて全身を使って活動することにより（…略…）」「(5)（…略…）幼児の自立心を育て，幼児が他の幼児とかかわりながら主体的な活動を

展開する中で，生活に必要な習慣を身に付けるようにすること」も「表現」と相互性があるといえます。

❷領域「人間関係」との関係

　領域「人間関係」の「ねらい」の「(2)身近な人と親しみ，かかわりを深め，愛情や信頼感をもつ」は，表現はコミュニケーションと前述した通り，まさに「表現」という手段が必要となります。

　また，「内容」の「(1)先生や友達と共に過ごすことの喜びを味わう」，「(2)自分で考え，自分で行動する」，「(3)自分でできることは自分でする」も，「表現」の精神そのものです。「(4)いろいろな遊びを楽しみながら物事をやり遂げようとする気持ちをもつ」は新たに加えられた項目ですが，いろいろな遊びのなかに「表現」が潜んでいます。

　さらに今回の改訂では変わっていない部分でも，「(5)（…略…）喜びや悲しみを共感し合う」，「(6)自分の思ったことを相手に伝え，相手の思っていることに気付く」，「(7)（…略…）一緒に活動する楽しさを味わう」，「(8)友達と（…略…）共通の目的を見いだし，工夫したり，協力したりなどする」，「(9)（…略…）考えながら行動する」，「(10)友達とのかかわりを深め，思いやりをもつ」の内容は「表現」と深い関係があります。

　「内容の取扱い」のなかでも「(1)教師との信頼関係に支えられて（…略…）幼児が自ら周囲に働き掛けることにより多様な感情を体験し，試行錯誤しながら自分の力で行うことの充実感を味わうこと（…略…）」と示されています。以上のように「表現」と重なっている箇所は意外に多いのです。

　さらに(2)から(6)の項目のほとんどは「表現」の行動によって可能になるものばかりです。キーワードとして「幼児の主体的な活動」「他の幼児とのかかわりの中で深まり，豊かになる」「幼児は互いに必要な存在であることを認識する」「一人一人を生かした集団を形成しながら人とかかわる力を育てていく」「集団の生活の中で，幼児が自己を発揮し，教師や他の幼児に認められる体験をし，自信をもって行動できるようにすること」「幼児が互いにかかわりを深め，協同して遊ぶ」「自ら行動する力を育てる」「他の幼児と試行錯誤しながら活動を展開する楽しさ」「共通の目的が実現する喜びを味わう」「幼児が他の幼児とのかかわりの中で他人の存在に気付き，相手を尊重する気持ち

をもって行動できる」「豊かな心情が育つようにすること」「幼児が教師との信頼関係に支えられて自己を発揮する」「互いに思いを主張し（…略…）自分の気持ちを調整する力が育つ」「（…略…）自分の感情や意志を表現しながら共に楽しみ，共感し合う体験」「（…略…）人とかかわることの楽しさや人の役に立つ喜びを味わうことができる（…略…）」など，「人間関係」と「表現」は表裏一体といえます。さらに，人に対する信頼感や思いやりの気持ちが芽生えてくること，集団の生活を通して幼児が人とのかかわりを深めるなど，人間関係を豊かに育てる手段として「表現」は欠かせないともいえるでしょう。

❸領域「環境」との関係

　領域「環境」の「内容の取扱い」のなかでは，「(1)幼児が，遊びの中で周囲の環境とかかわり，（…略…），自分なりに考えることができるようになる過程を大切にすること。特に，他の幼児の考えなどに触れ，新しい考えを生み出す喜びや楽しさを味わい，自ら考えようとする気持ちが育つようにすること」と示されました。このことは「表現」のポイントと符合します。さらに改訂はされていませんが「周囲の様々な環境に好奇心や探究心をもってかかわり，それらを生活に取り入れていこうとする力を養う」と「表現」との相互関係の深さを再確認しなくてはなりません。

　また，「ねらい」のなかでも「(1)（…略…）自然と触れ合う中で様々な事象に興味や関心をもつ」，「(2)身近な環境に自分からかかわり，発見を楽しんだり，考えたりし，（…略…）」，「(3)身近な事象を見たり，考えたり，扱ったりする中で，物の性質や数量，文字などに対する感覚を豊かにする」となっています。興味関心を基本としながら，気付いたり考えたりすることが重要なこととしていることは「表現」と同じです。

　特に大切だと思うことは「物の性質や数量，文字などに対する感覚を豊かにする」という部分です。知識として数量や文字を扱うのではなく，感覚を豊かにする，つまり，「感じて考えて」という心の育ちを大切にすることであり，これは「表現」と共通の願いです。

　「内容」のなかでも共通のことがたくさんあります。「(1)（…略…）その大きさ，美しさ，不思議さなどに気付く」，「(2)生活の中で，様々な物に触れ，その性質や仕組みに興味や関心をもつ」は当然重なり合

った部分です。また，「(3)季節により自然や人間の生活に変化のあることに気付く」も「(4)自然などの身近な事象に関心をもち，取り入れて遊ぶ」もさまざまに興味関心を広げ行動していける子どものことです。そうした行動の積み重ねが「(5)身近な動植物に親しみをもって接し，生命の尊さに気付き，いたわったり，大切にしたりする」，「(6)身近な物を大切にする」ことになるのです。

「(7)身近な物や遊具に興味をもってかかわり，考えたり，試したりして工夫して遊ぶ」や「(8)日常生活の中で数量や図形などに関心をもつ」は，感じ考え行動する「表現」そのもので，「もの」とのかかわりがいかに大事なことなのかがわかります。

「内容の取扱い」のなかでも同様です。「表現」と関係が特に深い部分を太字にして示します。「(1)幼児が（…略…）周囲の世界に**好奇心を抱き**，その意味や操作の仕方に**関心をもち**，物事の法則性に気付き，**自分なりに考えること**ができるようになる過程を大切にすること。特に，他の幼児の考えなどに触れ，新しい考えを生み出す喜びや楽しさを味わい，自ら**考えようとする気持ちが育つ**ようにすること」「(2)幼児期において（…略…）自然の大きさ，美しさ，不思議さなどに**直接触れる体験を通して，幼児の心が安らぎ，豊かな感情，好奇心，思考力，表現力の基礎が培われること**（…略…）」「(3)身近な事象や動植物に対する**感動を伝え合い，共感し合う**ことなどを通して自分からかかわろうとする**意欲を育てる**とともに，様々なかかわり方を通してそれらに対する親しみや畏敬の念，**生命を大切にする気持ち，公共心，探究心**などが養われるようにすること」「(4)数量や文字などに関しては，**日常生活の中で幼児自身の必要感に基づく体験を大切にし**，数量や文字などに関する興味や関心，感覚が養われるようにすること」。

以上の共通した内容を総合すると「好奇心・興味関心をもつ」「自分なりに感じ，考えること」「直接体験すること」が重要であり，日常生活のなかで特殊なことではなく，子ども自身の必要感を大切にすることも「表現」のねらい「(3)生活の中でイメージを豊かにし……」と符合するのです。

❹領域「言葉」との関係

領域「言葉」については基本的なことには異論はないのですが，あえて誤解して受け止められないように「表現」の視座から説明を加え

たい箇所があります。それは新たに加わった「内容の取扱い」の「(2)幼児が自分の思いを言葉で伝えるとともに，教師や他の幼児などの話を興味をもって注意して聞くことを通して次第に話を理解するようになっていき，言葉による伝え合いができるようにすること」，という部分です。

つまり，言葉による伝え合いの大切さと同時に「言葉にならない」思いなどを共に感じあう，認め合うことの大切さがあることを忘れてはならないということです。そのほか「経験したことや考えたことなどを自分なりの言葉で表現し，相手の話す言葉を聞こうとする意欲や態度を育て，言葉に対する感覚や言葉で表現する力を養う」という部分も言葉以外の表現も含めて…と，解釈して欲しいのです。

「ねらい」のなかにある「表現する楽しさを味わう」「伝え合う喜びを味わう」，「先生や友達と心を通わせる」という共通した部分こそ，大切に育てたい部分です。

第4節 領域を越えて共通のこと

幼稚園教育要領解説の第2章「ねらい及び内容」第1節「ねらい及び内容の考え方と領域の編成」のなかで，「幼児の発達は様々な側面が絡み合って相互に影響を与え合いながら遂げられていくものである。各領域に示されている『ねらい』は幼稚園生活の全体を通して幼児が様々な体験を積み重ねる中で相互に関連をもちながら次第に達成に向かうものであり，『内容』は幼児が環境にかかわって展開する具体的な活動を通して総合的に指導されなければならないものである」とあります。保育所保育指針では，その第3章「保育の内容」に「養護と教育が一体となって展開されること」と示され，その「教育」を構成する5領域並びに「養護」を構成する「生命の保持」及び「情緒の安定」に関わる保育の内容は，子どもの生活や遊びを通して相互に関連を持ちながら，総合的に展開されるものである，と規定しています。

これらは，保育者が子どもの生活を通して総合的な指導を行う際の視点であり，子どものかかわる環境を構成する場合の視点でもあるということができます。

子どもが他の子どもとかかわりながら主体的な活動を展開する環境のなかで，領域「表現」は，人間としての育ちに欠かせない自我の育ちを保障する視座であるといえます。単に作品づくりや華やかな発表の行為，セリフを覚えこませるような劇づくりではないのです。しかも，5領域が相互的にかかわって成り立っていることを改めて確認しなければなりません。

　その相互的ということはどのように考えればよいのでしょうか。

　すでに述べたとおり「健康」においても動きのなかにイメージが育ち，自分のイメージに向かって行動していきます。その時折の心の動きで行動も変わります。そうした姿こそ「表現」であり，「動きを通した表現」ともいえるのです。

　「人間関係」はそのほとんどが「表現」であるといっても過言ではありません。「表現」は一人では成立しないのです。他人（他者）がいて成り立つのです。「人間関係を具体的に身につける方法としての表現」ともいえます。

　「環境」と「表現」との関係は，人との関係性を中心にした「人間関係」以外の「もの環境・自然環境・宇宙環境……」が中心となります。好奇心や探究心をもってかかわり，それらを生活に取り入れていこうとする力は「環境のなかに存在する自分を見つける＝感じ，考え，行動する＝表現」であるといえます。

　「言葉」も「表現」のなかの行為の1つです。単独の領域としているのは国の言語としての重みです。また，考えることも「言葉」によるところが大きいです。その重要性は否定しませんが，声となって表現されることを感じ取ることや言葉に表せないことも多々あり，さまざまな表現方法と連動した「ことば」が重要となります。

　このように考えていくと保育は，健康な体と好奇心にあふれた心・友達とかかわれる心や態度を身につけていく環境を整えていくことであり，さまざまな領域の視座を組み合わせることで成り立っているといえます。1つの領域に特化した保育（表面的な意味で親が喜ぶ保育）を行うことが保育ではないのです。

　以上は「表現」を中心に他の領域との関係を述べましたが，それぞれの領域から他の領域との関係性をつなぐと次の図（図1-2）のようになります。

　この図のように領域が相互にかかわる関係性をもっていることを確認し保育を深める努力が必要になります。ここが小学校以降の教科の

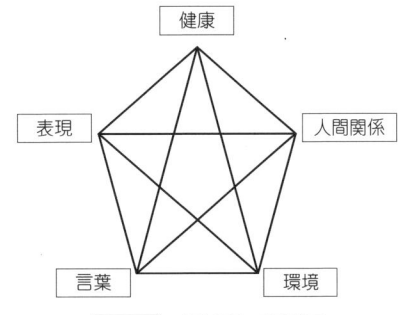

図1-2 領域間の関係図

考え方と大きく異なるところでもあります。

　学校教育法の一部が改正され，その第3章「幼稚園」第22条で幼稚園の目的として，「幼稚園は，義務教育及びその後の教育の基礎を培うものとして，幼児を保育し，幼児の健やかな成長のために**適当な環境を与えて，その心身の発達を助長することを目的とする**」と示されています。このことが「保育の基本」であり目的であることを改めてここに示します。「適当な……」とは，「いい加減な……」という意味ではないことは明白で，領域というさまざまな考え方の方向から，適切な方法と体験にふさわしいものや人がいる環境で，子ども一人ひとりがその子らしく育つ保育を目指すことです。

さらに学びたい人のために

- ハーバート・リード（著），宮脇理・直江俊雄・岩崎清（訳）『芸術による教育』フィルムアート社，2001年
  日本語で言う芸術という言葉の解釈ではなく，Artとして統合された，つまり今日的な「表現」という考え方の原点が示されています。
- V. ローエンフェルド（著），竹内清・武井勝雄・堀内敏（訳）『美術による人間形成』黎明書房，1995年
  ロー ダ・ケロッグ（著），深田尚彦（訳）『児童画の発達過程——なぐり描きからピクチュアへ』黎明書房，1998年
  この2冊は児童画の初期形成に関する世界的名著であり，健全なパーソナリティーの形成があらゆる教育の目標であり，その目標に対して美術教育の役割が大きいことを説いています。

演 習 問 題

1. 柔軟な人と人とのかかわりが希薄になっていることが幼稚園教育要領・保育所保育指針の改訂の背景になっている，と言われていますが，その解決の手段としてなぜ「表現」行動が重要なのか考えてみましょう。
2. 結果主義（成果や作品づくりが目的になってしまっていること）の「表現」について，身近な事例をあげて検討してみましょう。そしてそうした「表現」では，子どもたちを育てる上で何が問題となるのか考えてみましょう。

保育内容「表現」の歴史的変遷

　領域「表現」では，歌や合奏，絵画や製作にかかわる活動だけを表現ととらえているのではありません。領域「表現」では，生活のあらゆる場面で子どもは自分なりにさまざまな形で表現を行っていると考えています。
　この章では，1989（平成元）年の幼稚園教育要領改訂によって新たに誕生した領域「表現」の歴史的変遷をたどることで，領域「表現」のねらいと内容がどのような考えを背景にしているか，どのような特徴をもっているかを理解していきます。
　その上で，領域「表現」にかかわる保育内容を展開する上で留意すべき事柄についても考えていきます。

第1節 領域「表現」以前の保育内容

　保育内容としての「表現」の歴史をたどることは，日本における幼稚園や保育所での保育内容の歴史をたどることでもあります。日本で最初に国が保育内容を定めたものは，1899（明治32）年の「幼稚園保育及設備規程」という省令で，そこには保育内容として「遊嬉」「唱歌」「談話」「手技」があげられています。

　その後，表2-1にあるように，1926（大正15）年の「幼稚園令」，第二次世界大戦後の1948（昭和23）年の「保育要領」と変化するなかで，保育内容はおおまかにいえば，子どもの実態に即して子どもの自由遊びを重視し，子どもの生活全般にわたる活動を含むものへと変化していきました。「保育要領」では，「音楽」「お話」「絵画」「製作」「ごっこ遊び・劇遊び・人形芝居」など，現在の領域「表現」とかかわりの深いものが具体的に多くあげられています。

　そして1956（昭和31）年からは，幼稚園の保育内容は「幼稚園教育要領」のなかで規定されることになりました。表2-1にあるように，1956年から1989（平成元）年まで，保育内容は「健康」「社会」「自然」「言語」「絵画製作」「音楽リズム」の6領域となりました。1956年の幼稚園教育要領では，領域別に「望ましい経験」を示すものであったことから，領域を小学校の教科のように考え，領域別の指導が行われる傾向が生まれました。

　したがって，この「6領域時代」には，運動遊び，自然物とのかかわり，歌，合奏，描画など具体的な活動を，保育者が「望ましい経験」として計画し，指導する，「活動中心主義」の傾向が広がりました。音楽や描画などの表現にかかわる活動に関していえば，結果としての作品のよしあしにこだわる作品主義・結果主義の傾向もみられるようになりました。

　「幼稚園教育要領」の刊行を受けて，保育所での保育については1965（昭和40）年に保育所保育指針が刊行されました。保育所保育指針は，幼稚園教育要領とは異なり，0歳から6歳までを年齢によって区分し，子どもの生命の保持と情緒の安定にかかわる養護的内容と，子どもが健やかに成長するための発達を援助する教育的内容の両方を

▶1　「遊嬉」は自由遊びを意味する「自由遊嬉」と，歌に合わせて同じ動作をする「共同遊嬉」に分けられていました。「唱歌」は平易な歌を歌うこと，「談話」は子どもに有益な話をすること，「手技」はフレーベルの恩物の操作をすることでした。

▶2　幼稚園教育要領の6領域が小学校の教科のようにとらえられ，指導される傾向を是正するために，1964年の改訂では，幼稚園での幼児の姿から望ましい経験を精選し，それらをまとめたものが領域であること，幼稚園教育は総合的指導であることを打ち出しましたが，その傾向を払拭するにはいたりませんでした。（森上史朗「幼稚園教育要領の変遷と実態」森上史朗（編）『幼児教育への招待』ミネルヴァ書房，1998年，pp. 86-87.）

▶3　保育所保育指針は幼稚園教育要領と異なり年齢区分があり，年齢区分ごとに保育のねらいと内容が示されています。年齢区分は1965年の通達では7区分（おおむね1歳3か月未満，おおむね1歳3か月から2歳未満，おおむね2歳，おおむね3歳，おおむね4歳，おおむね5歳，おおむね6歳）でしたが，1990年の

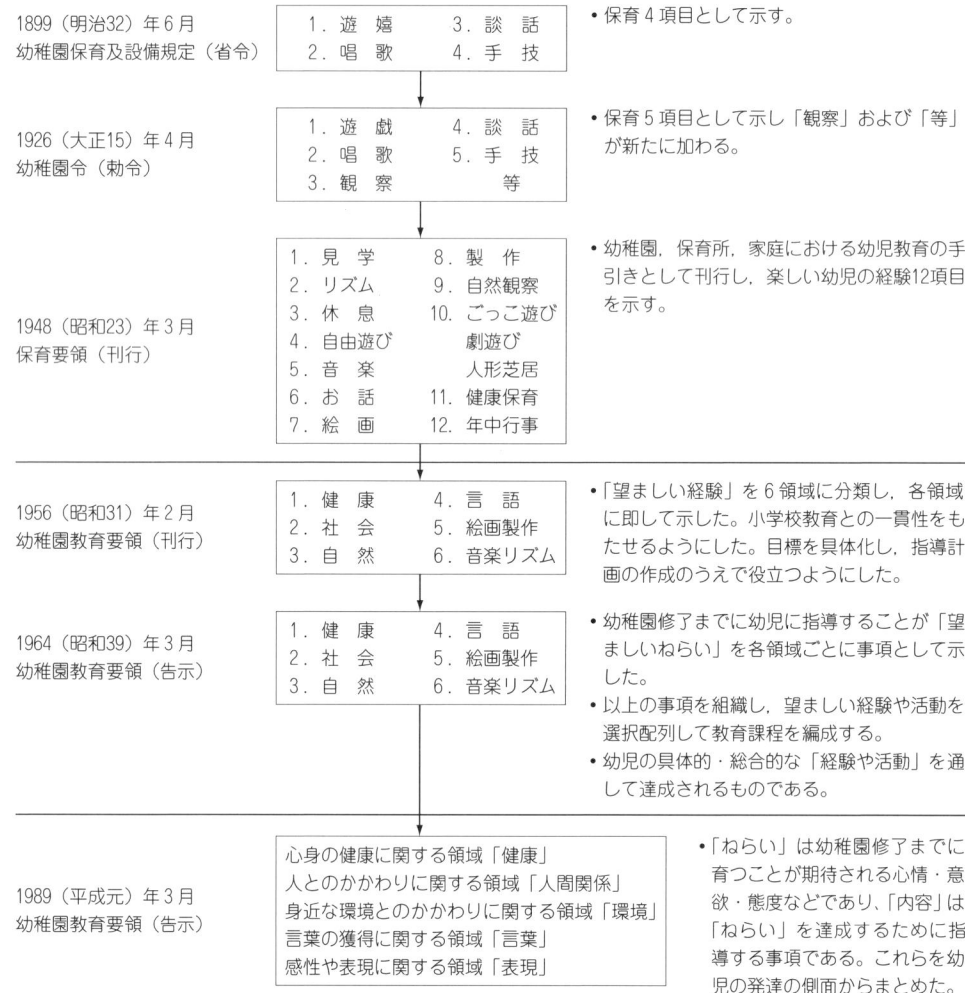

出所：森上史朗（編）『幼児教育への招待』ミネルヴァ書房，1998年，p. 85.

含んでいます。これらの内容のうち幼稚園該当年齢の幼児については「幼稚園教育要領に準ずること」[4]が望ましいとされ，3歳以上児では幼稚園教育要領の領域のねらいと内容をほぼ共有してきました。さらに，2008年の改定では保育所のもつ養護的機能と教育的機能の一体化が明確にされ，保育所におけるさらなる幼児教育の充実がめざされています。

改訂からは8区分（おおむね6か月未満，おおむね1歳3か月から2歳未満，おおむね1歳3か月から2歳，おおむね2歳，おおむね3歳，おおむね4歳，おおむね5歳，おおむね6歳）となっています。

➡ 4 文部省・厚生省共同通知「幼稚園と保育所との関係について」1963年

第2節 領域「表現」の誕生

こうした状況を受けて、幼稚園教育を子どもの発達に即した、小学校教育とは異なる幼稚園教育の独自性をしっかりと位置づけるために、幼稚園教育要領の見直しが行われ、1989（平成元）年に「健康」「人間関係」「環境」「言葉」「表現」の5領域を保育内容とする幼稚園教育要領が告示されました。この改訂では、5領域は幼児の発達をとらえる視点であり、各領域の「ねらい」は幼稚園修了までに育つことが期待される「心情・意欲・態度」からなり、各領域の内容はねらいを達成するために指導する事項として位置づけられ、内容は領域ごとに特定の活動として取りだして行うのではなく、環境を通しての教育のもと、遊びを中心とする具体的な活動を通して総合的に指導されることが明記されました。[5]

表2-1にあるように、1989年の幼稚園教育要領の改訂以降は、保育内容が6領域から5領域になったことから、領域「表現」は、ともすると「絵画製作」と「音楽リズム」を合わせたものととらえられがちですが、そうではありません。「絵画製作」「音楽リズム」と関連をもちながらも、そもそも何を子どもの表現としてとらえるのか、という「表現観」がそれらの間で大きく異なっているのです。

黒川（2004）[6]は、表現は、「自己の内面の世界を外の世界に置き換えること」であり、「意図的に表すこと、意図的に表されたもの、気づかないうちに表れ出ているもの、そのどちらも含めて、広い意味の表現」ととらえています。

平田（2009）[7]は、「表現」という言葉が意思のある「表」と、内面の変化である「現」から成り立っていることを指摘し、前者は子どもが「先生見て！」「あのね……聞いて」と投げかけてきたものを受け止めることで、後者は子どもが知らず知らずに現している思いや状態を感じ取ることで成立するとしています。

したがって、能動的で明確な作品となるような表現だけでなく、生活のさまざまな場面で行われる子どもの表現を認めていくという点で、領域「表現」と領域「音楽リズム」および「絵画製作」は、大きく異なっているのです。領域「表現」が意味するところの「表現」とは、

[5] 1989年の幼稚園教育要領の改訂に合わせて、保育所保育指針も1991年に改訂され、おおむね3歳以上児の教育にかかわる保育内容については、幼稚園教育要領と同様に6領域から5領域となり、各領域のねらいと内容を共有しています。その後、1998年の幼稚園教育要領の改訂に対応して、保育所保育指針も2000年に改訂されています。

[6] 黒川建一「日常生活のなかの私たちの表現」黒川建一（編）『新・保育講座　保育内容「表現」』ミネルヴァ書房、2004年

[7] 平田智久「領域・表現」別冊発達29『新幼稚園教育要領・新保育所保育指針のすべて』ミネルヴァ書房、2009年

絵を描くことや粘土などで形のあるものをつくること，歌を歌うことや楽器を鳴らすこと，音楽に合わせて体を動かすことといった特定の活動や媒体に限定されるものではなく，子どもから発せられるさまざまな表現のあり方全体を含んでいます。それは，さまざまな遊びのなかに埋め込まれている子どもが何気なく折った広告紙や，走りながら口にしたリズミカルな言葉といった素朴でささやかなものも含めて表現としてとらえるということであり，それが領域「表現」の考え方の基本になっているのです。

　以上のことから，領域「表現」と，1989年の幼稚園教育要領改訂以前の領域「絵画製作」「音楽リズム」とは深く関連してはいますが，ねらいや内容において大きく異なっていることがわかります。そこで，そのことを確認する意味で，あえて幼稚園教育要領における「表現」と「絵画製作」「音楽リズム」（1964年改訂）を対照させたものが表2-2です。

➡8　表2-2の「音楽リズム」「絵画製作」は1964年改訂のものです。領域「表現」は2008年改訂のものです。

　表2-2では，まず，1989年の改訂以降では，各領域のねらいは幼稚園修了までに育つことが期待されている「心情・意欲・態度」によって構成されており，「楽しむ」という子ども自身の気持ちを重視したものとなっています。また，「表現」では「(1)いろいろなものの美しさなどに対する豊かな感性をもつ」という周囲のものを表現として楽しみ味わい感受することがあげられていますが，「音楽リズム」「絵画製作」では「ねらい」と「内容」の区分はなく「望ましいねらい」として歌う，楽器をひく，絵をかくなど，子どもが表現する行為が具体的にあげられています。領域「表現」では，表現にいたる過程において，周囲のさまざまなものを味わう感性が表現することと切り離せ

写真2-1　園庭でのごっこ遊び
（千葉大学教育学部附属幼稚園）

第2章 保育内容「表現」の歴史的変遷

表2-2 領域「表現」と領域「音楽リズム」「絵画製作」のねらいと内容

領域「表現」（2008年改訂）	領域「音楽リズム」（1964年改訂）	領域「絵画製作」（1964年改訂）
1　ねらい （1）いろいろなものの美しさなどに対する豊かな感性をもつ。 （2）感じたことや考えたことを自分なりに表現して楽しむ。 （3）生活の中でイメージを豊かにし，様々な表現を楽しむ。 2　内　容 （1）生活の中で様々な音，色，形，手触り，動きなどに気付いたり，感じたりするなどして楽しむ。 （2）生活の中で美しいものや心を動かす出来事に触れ，イメージを豊かにする。 （3）様々な出来事の中で，感動したことを伝え合う楽しさを味わう。 （4）感じたこと，考えたことなどを音や動きなどで表現したり，自由にかいたり，つくったりなどする。 （5）いろいろな素材に親しみ，工夫して遊ぶ。 （6）音楽に親しみ，歌を歌ったり，簡単なリズム楽器を使ったりなどする楽しさを味わう。 （7）かいたり，つくったりすることを楽しみ，遊びに使ったり，飾ったりなどする。 （8）自分のイメージを動きや言葉などで表現したり，演じて遊んだりするなどの楽しさを味わう。	1　のびのびと歌ったり，楽器をひいたりして表現の喜びを味わう。 （1）いろいろな歌を歌うことを楽しむ。 （2）みんなといっしょに喜んで歌い，ひとりでも歌える。 （3）すなおな声，はっきりしたことばで音程やリズムに気をつけて歌う。 （4）カスタネット，タンブリン，その他の楽器に親しむ。 （5）曲の速度や強弱に気をつけて楽器をひく。 （6）みんなといっしょに喜んで楽器をひく。 （7）役割を分担したり，交替したりなどして，楽器をひく。 （8）楽器をたいせつに扱う。 2　のびのびと動きのリズムを楽しみ，表現の喜びを味わう。 （1）のびのびと歩いたり，走ったり，とんだりなどして，リズミカルな動きを楽しむ。 （2）手を打ったり，楽器をひいたりしながら，リズミカルな動きをする。 （3）曲に合わせて歩いたり，走ったり，とんだりなどする。 （4）歌や曲をからだの動きで表現する。 （5）動物や乗り物などの動きをまねて，からだで表現する。 （6）リズミカルな集団遊びを楽しむ。 （7）友だちのリズミカルな動きを見て楽しむ。 3　音楽に親しみ，聞くことに興味をもつ。 （1）みんなといっしょに喜んで音楽を聞く。 （2）静かに音楽を聞く。 （3）いろいろのすぐれた音楽に親しむ。 （4）友だちの歌や演奏などを聞く。 （5）音や曲の感じがわかる。 （6）日常生活において音楽に親しむ。 4　感じたこと，考えたことなどを音や動きに表現しようとする。 （1）短い旋律を即興的に歌う。 （2）知っている旋律に自由にことばをつけて歌う。 （3）楽器を感じたままひく。 （4）感じたこと，考えたことを，自由にからだで表現する。 （5）友だちといっしょに，感じたこと考えたことをくふうして歌や楽器やからだで表現する。	1　のびのびと絵をかいたり，ものを作ったりして，表現の喜びを味わう。 （1）喜んで自由に絵をかいたり，ものを作ったりする。 （2）身近にある材料で思いのままに表現する。 （3）見たり聞いたりしたことなどを絵にかいたり，ものに作ったりする。 （4）かいたり作ったりしたものを使って遊ぶ。 （5）みんなといっしょに絵をかいたり，ものをいっしょに作ったりする。 2　感じたこと，考えたことなどをくふうして表現する。 （1）感じたこと，考えたことなどをくふうして，絵にかいたり，ものに作ったり，飾ったりする。 （2）身近な生活に使う簡単なものを作る。 （3）ごっこや劇的な活動などに使うものを作る。 （4）いろいろな色や形に興味や関心をもち，それらを集めて並べたり，組み合わせたりする。 （5）いろいろな色や形を使ってさまざまな表現をする。 3　いろいろな材料や用具を使う。 （1）いろいろな材料に親しみ，それを適切に使う。 （2）砂，積み木などを使って，いろいろなものを作る。 （3）いろいろな用具をじょうずに使う。 （4）材料や用具の準備やあとかたづけをする。 4　美しいものに興味や関心をもつ。 （1）自分や友だちの作品を見たり，それについて話し合ったりする。 （2）身近にある美しいものを見て喜び，作品などをたいせつにする。 （3）身近な環境を美しくすることに興味や関心をもつ。

ないという考えが打ち出されています。したがって，表現にかかわる活動は，子どもが周囲のさまざまなものとかかわることからすでに始まっており，たとえばごっこ遊びなどの具体的な活動と切り離せないことから，領域「健康」「言葉」などの他の領域の活動とも関連し，重なりながら展開するものであるといえます。

内容に注目すると[→9]，「表現」では，上述したように感性を養い育てることを重視したねらいに対応して，「(1)生活の中で様々な音，色，形，手触り，動きなどに気付いたり，感じたりするなどして楽しむ」，「(2)生活の中で美しいものや心を動かす出来事に触れ，イメージを豊かにする」といった内容がみられます。また，「絵画製作」と「音楽リズム」では，個々のねらいに対応してそのねらいを達成する上で経験することが望ましい活動が，カスタネット，タンブリン，ごっこ，砂や積み木などの具体的な教材名・活動名とともに具体的に記されています。一方で「表現」では，子どもの表現行為を，あらゆる媒介や活動を通して行われるものであると考えていることから，たとえば「(4)感じたこと，考えたことなどを音や動きなどで表現したり，自由にかいたり，つくったりなどする」というように，音楽や造形以外の多様な教材や活動を含み込むような表現の仕方となっています。

そして，2008年に告示された新しい幼稚園教育要領では，根本にある考え方，ねらい，内容は1989年改訂時のものを引き継ぎつつも，「他の幼児の表現に触れ」ることや「表現する過程」をより重視しています。

→9 以下の内容の引用はすべて2008年改訂の幼稚園教育要領によります。

第3節 領域「表現」と保育者の役割

これまで述べてきたように，1989年の幼稚園教育要領の改訂は，領域名が変更され，領域の数が減った（6領域から5領域に）という単純なものではなく，幼児期の子どもの特性をふまえて「環境を通して行う」ことを基本とする点で，内容的にも方法的にも大きく変わりました。したがって，領域「表現」を実際の保育として構想していく際には，子どもが周囲の環境に主体的にかかわる活動において，子どもの表現を広くとらえ，その過程を大切にしていく姿勢が保育者の側に求

められます。では，保育者は実際の保育のなかで，それらのことをふまえてどのような点に留意して保育を実践することになるのでしょうか。以下では，そのことを幼稚園教育要領の領域「表現」の「3　内容の取扱い」を通してみていきます。→10

❶子どもが感じ取るものとしての環境を意識する

　「環境を通して行う」とは，子どもが周囲のさまざまなものや人に興味や関心をもち，自分から働きかけるなかでさまざまな経験をし，その積み重ねが育ちにつながるという考え方です。それは具体的には遊びという活動として展開されます。

　したがって，周囲の環境に対して，なんだろう，きれいだな，おもしろそうだな，やってみたいなというふうに，子どもの心が動く環境を構成することが保育者の役割として非常に重要となります。このことは領域「表現」においても同様に重要となります。幼稚園教育要領では，領域「表現」の「3　内容の取扱い」で以下のように記されています。

>　（1）　豊かな感性は，自然などの身近な環境と十分にかかわる中で美しいもの，優れたもの，心を動かす出来事などに出会い，そこから得た感動を他の幼児や教師と共有し，様々に表現することなどを通して養われるようにすること。

　上述したように，領域「表現」では，表すことだけでなく，感じることも重視しています。保育者自身には，子どもが感じ取るものとしての環境を意識することが求められます。それは，物の種類や量，それらの配置といった目に見えるものだけではなく，目に見えない雰囲気なども含まれるでしょう。

　同時に，子どもが感じた美しさや面白さは，子ども個人のなかで完結するものではなく，身近な保育者や他の子どもたちと共有することで，より確かな形で子どものなかに定着し，さらなる楽しみや喜びにつながっていきます。したがって，保育者自身が豊かな感性をもち，日々の生活のなかにある美しさや面白さをきめこまやかに感じ取って，子どもたちに伝えていくことも重要になります。青空にまっすぐな線を描くひこうき雲，紅葉する葉のグラデーション，うさぎを抱っこしたときに感じる温かさなど，日常のなかにある美しいもの，優れたもの，心を揺り動かすものに対する感性と，それを子どもたちに伝え

→10　保育所保育指針（2008年改定）の「保育の実施上の配慮事項」（「第3章　保育内容」の2）では，「(4) 3歳以上児の保育に関わる配慮事項」として，「ク　感じたことや思ったこと，想像したことなどを，様々な方法で創意工夫を凝らして自由に表現できるよう，保育に必要な素材や用具を始め，様々な環境の設定に留意すること」とあります。

表現力が保育者に求められます。

❷子どもの気持ちを読み取り，返す

また，領域「表現」の「3　内容の取扱い」では，以下のように記されています。

(2) 幼児の自己表現は素朴な形で行われることが多いので，教師はそのような表現を受容し，幼児自身の表現しようとする意欲を受け止めて，幼児が生活の中で幼児らしい様々な表現を楽しむことができるようにすること。

　子どもがさまざまな活動のなかで表したものを，保育者が丁寧に受け止め，言葉や動きで返していくことで，子どもはさらに表現することに意欲的になります。それは「表現」と呼ぶには素朴でささやかであるかもしれませんが，それを見落とさないことが重要です。

　たとえば，一人でヒーローになりきって，腕をふりおろしたり足を蹴りあげたりしている男児に対して，保育者が「○○くん，かっこいいね，強そうだね」「誰を倒そうとしているの？」「先生も一緒に戦おう」などと子どものイメージに沿った言葉をかけたり，一緒に動いたりすることで，子どもは受け止めてもらった嬉しさとともに，より自分のイメージを明確にもち，もっとイメージにあった動きや道具を工夫しようと思うのではないでしょうか。そのおもしろさが周囲の子どもにも伝わり，数人でのヒーローごっこになっていくと，子どもたちはお互いに言葉やふりによって表現をすることのおもしろさ，工夫することの楽しさを共有し，深めていきます。

　ここで留意すべきことは，領域「表現」のねらいに「(2)感じたことや考えたことを<u>自分なりに</u>表現して楽しむ」（下線筆者）とあるように，子どもの表現の仕方にはその子なりのさまざまなスタイルがあるということです。そのスタイルこそが子どもの表現の出発点といってもよいかもしれません。同じヒーローのイメージをもっていたとしても，体の動きの大きさや声の抑揚のつけ方などは，子どもによってさまざまです。したがって，動きや声が小さかったりおとなしかったりする子どもに対して，保育者が心を寄せてその表現を理解する姿勢が必要となってきます。自分なりの表現を受け止めてもらえた，理解してもらえたという喜びが，表現することの意欲と自信につながっていくからです。

❸子どもが表現を生み出すための環境を構成する

　表現は，子どもが周囲の環境とかかわって展開する具体的な活動のなかで，さまざまな形で生み出されます。したがって，保育者には，子どもが表現しやすく，またしたいと思えるように，場や物などの環境を適切にかつ柔軟に構成することが求められます。これは，領域「表現」の「3　内容の取扱い」の以下の内容にかかわっています。

　　(3)　生活経験や発達に応じ，自ら様々な表現を楽しみ，表現する意欲を十分に発揮させることができるように，遊具や用具などを整えたり，他の幼児の表現に触れられるよう配慮したりし，表現する過程を大切にして自己表現を楽しめるように工夫すること。

　たとえば，秋になると多くの幼稚園や保育所などでどんぐりを使った遊びがみられます。どんぐりを転がすコース，どんぐりのマラカス，どんぐりのアクセサリー，どんぐりの人形など，どんぐりはさまざまな遊びに用いることができ，子どものさまざまな表現を生み出します。このとき，いろいろな種類のどんぐりや，どんぐり以外の木の実，組み合わせて使えるリボン，空き箱，貝がら，ビーズなど，さまざまな素材を用意しておくことで，子どもの表現に対する意欲が高まり，アイデアも豊かになります。同時に，子どもがじっくりと製作に取り組める場や，他の子の作品にふれられる展示の仕方なども，環境として重要となります。

　こうした環境構成は，当然のことながら「表現」のためだけに行うものではありません。幼稚園教育要領や保育所保育指針の5つの領域は，具体的な活動のなかで互いに絡まり合って展開するものであるこ

写真2-2　幼稚園の木の実コーナーの設定，どんぐりの製作物
（習志野市立新栄幼稚園）

写真2-3　木の実などでつくった「南の島の女の子」
（習志野市立新栄幼稚園）

とから，保育者が日々の保育のねらいに沿って子どもの活動をより充実したものにしたいと考える過程が，表現のための環境構成にもつながっていくのです。

さらに学びたい人のために

・森上史朗『児童中心主義の保育——日本における保育内容，方法改革の歩み』教育出版，1984年
  倉橋惣三をはじめとする保育指導者たちの歩みを振り返り，児童中心主義を軸に，日本の保育内容と方法の変遷をたどっています。保育内容と方法がどのような歴史的背景をもち，現在にいたるかを考えることができます。
・お茶の水女子大学附属幼稚園（編）『時の標』フレーベル館，2006年
  1876（明治9）年に開園した日本で最初の幼稚園であるお茶の水女子大学附属幼稚園の130年の歩みを，現在の同園の保育実践も含めて，豊富で貴重な資料（絵画，写真等）とともに記しています。明治，大正，昭和初期の写真資料では，「遊戯」「手技」で遊ぶ子どもの姿がみられます。

演 習 問 題

1. 現在の5領域の幼稚園教育要領または保育所保育指針の領域「表現」と，6領域時代の領域「音楽リズム」「絵画製作」とを読み比べてみましょう。
   ① 領域「表現」と領域「音楽リズム」とでは，楽器をつかった活動にどのような指導の違いがあると思うか，グループで話し合ってみましょう。
   ② 領域「表現」と領域「絵画製作」とでは，かいたり，つくったりする活動にどのような指導の違いがあると思うか，グループで話し合ってみましょう。
   ③ 領域「表現」には，「絵画製作」「音楽リズム」以外のどのような表現活動が含まれていると思うか，グループで話し合ってみましょう。
2. 草花や木の実を使ってどのような遊びができるか考えてみましょう。
   ① その遊びのなかで，領域「表現」の内容と関連するのは，どのような子どもの活動であるかを具体的に考えてみましょう。
   ② ①で考えた子どもの活動を通して，領域「表現」のねらいが達成されるためには，保育者としてどのような援助（環境構成や言葉かけなど）ができるか，具体的に考えてみましょう。

第3章

子どもの存在と表現

　領域「表現」では，子どもが意識的に表そうとしているものだけでなく，知らず知らずのうちに表してしまっているものも含めて，子どもの「表現」として理解することが重要となります。
　この章ではまず，子どもの存在自体を表現者ととらえる視点から，子どもの身体に注目し，子どもの身体が表しているものを理解することの意味を考えていきます。次に，子どもの表現にとって他者の存在のもつ意味と，子どもが次第に表現することを意識するようになる変化についても考えていきます。

1コマ目:

- 真剣なまなざし
- みけんにシワ
- 紅潮するほっぺた
- 小刻みにふるえる体
- ふんばる足

「あっ 物言わず 動きもせず しかしこの表現は！」

2コマ目:

「ウ〇チの表現だね！ トイレに行こうね おしえてくれてありがとう〜」

「先生がうれしそう...」

ヒョイ

第1節 表現者としての存在，身体としての存在

❶表現の基盤としての身体に注目する

「子どもは生まれながらにして表現者である」

このような言葉を聞いたなら，皆さんはどう感じるでしょうか。生まれたばかりの赤ちゃんに「表現」という言葉は高尚すぎてしっくりこないと感じるかもしれません。私たちが実際に赤ちゃんとかかわるとき，私たちは赤ちゃんのちょっとした手足の動きや，表情，発声などから赤ちゃんの気持ちを推測し，かかわっていきます。そうした身体が表すものまで含めると，それらは赤ちゃんの生活全般におよんでいるので，「表現」というには範囲が広すぎると感じるかもしれません。

しかし，領域「表現」において，保育者が子どもの表現を理解していくためには，子どもの発するさまざまなサインを読み取って，その気持ちを理解して，そのサインに反応していくことが基盤となります。その際に，子どもの身体を，表現の重要な基盤のひとつとして考える視点が求められます。

❷子どもの身体を理解することの重要性

「身体」というと，病気や怪我の有無，発育の状態といった，測定して数値として客観的に表せる側面で考えてしまいがちです。しかし，病気や怪我をしていなくても，順調に体は大きくなっていても，それだけでは語れない子どもの身体の様子というものがあるのではないでしょうか。

幼稚園や保育所などの朝の登園の際に，保育者は必ず子どもの表情などからその日の子どもの状態をチェックしています。それは熱がある，風邪ぎみであるといった保健管理上のことだけでなく，「あれ，なんか今日はちょっといらいらしているのはどうしてだろう。朝，お

うちでお母さんとけんかしたのかな」「門から元気に走って保育室にやってきたのは、昨日の遊びの続きがしたいからだろう」というように、子どもの様子からその気持ちを読み取っていきます。このとき、保育者が手がかりにしているのは、子どもの身体が発しているさまざまなサインです。そのサインには、「元気がない」「表情が明るい」など言葉で表現されるものだけでなく、言葉ではうまく言い表せないけれど確かにそう感じられる、「なんとも言いがたい」感じも含まれます。

子どもの身体が発する「『なんとも言いがたい』けれど確かに感じられるもの」を見逃さずに、子どもの気持ちを理解することは、子どもとの信頼関係づくりにおいてだけでなく、子どもが自分なりの表現をするという点においても、大きな支えとなります。

そのようにして、子どもの身体が表現しているものに注目し、それを理解することは、子どもの生活におけるさまざまな行為を子どもの内面の表現としてとらえることにつながっていきます。

❸子どもの行為を表現としてみる

津守（1987）は、自身の保育における子どもとのかかわりから、保育者が子どもにかかわりながら、子どもの行為を子どもの世界の表現としてみることの重要性を次のように指摘しています。

> 子どもの生活に参与する保育の実践においては、おとなは子どもと一緒に生きているから、子どもを対象化して行動を観察していない。子どもとの応答の中で、自分の全感覚をはたらかせて、子どもの行為を知覚し、子どもの世界に出会う。そこで知覚された行為は子どもの世界の表現である。(p. 134)
>
> 私共は、子どもの行為を表現とみることによって、子どもの悩みや怒り、喜びにふれ、ともに考え、ともに喜び、ともに歩んでいくことができる。(p. 144)

このように、子どもの行為を表現とみることは、保育のなかでは次のように展開されていきます。少し長いですが、津守（1997）のなかから引用したいと思います。

▶1 少し聞きなれない言葉かもしれませんが、人間と人間がかかわるとき、相手の身体の感じが自分の身体の感じと通じ合うことを「間身体性」と呼びます。人と人が直接対面してかかわる場面では特に、この間身体性が、コミュニケーションを成立させているともいえます。

▶2 津守真『子どもの世界をどうみるか』NHKブックス、1987年

▶3 津守真『保育者の地平』ミネルヴァ書房、1997年、pp. 89-90.

第 3 章　子どもの存在と表現

> 　朝，M 夫が門から入ってきたとき，庭の途中で母親にまつわり，何かだだをこねている様子だった。私はそれに気づいていたのだが，傍らで私を頼りにしている子どもから離れられず，M 夫とつきあいの深い F 先生を見つけたので，そのことを告げた。
> 　その次に私が M 夫と出会ったのは，しばらく後に彼が三輪車に乗って，F 先生と声をあげて庭を走っているところだった。その日，保育が終わってから，どのようにしてこの子は元気になったのかをたずねた。
> 　入ろうか，出ようかといつも迷いの中にあり，デリケートで，いまにもこわれそうな M 夫とつきあって F 先生は一日を過ごしたという。元気にしていると見えたのは，見えないところで保育者に支えられている子どもの一側面である。その子の本質をあらわしているような遊びも，そのような保育者との関係の中に生まれる。午後になって，ホールのトランポリンで，リズミカルにとんでは小刻みに足踏みをし，自分で倒れるのを繰り返しているその子を見て，私はその動きに合わせてリズムを口ずさんだ。この子はまたそれに合わせて何度も自分で転んでは起き上がる遊びを繰り返した。他の子に倒されるのは我慢がならず，そのくらいならば，自分から先に転んでしまう。倒されても自分から起き上がるというこの子どものテーマである。そのテーマを M 夫はたのしんでためしている。
> 　弁当のとき，音楽が響くと，耳に手をあて食べるのをやめてしまう。ようやく，トメテクダサイ，と小さな声で言う。おそれながら，しかし思い切って，この子どもは表現する。帰るころには，トランポリンに他の子どもがのってきても，おそれず，自分からその動きに合わせ，二人でとんでいた。
> 　迷いの中にある子どもをうけとめられるのは，子どもの内なるテーマを承知して，その微妙な心の動きに沿って応答することのできる保育者である。それはただ一人の人に限られるのではないが，そのような人と一日を過ごすときに，子どもは安心して揺れ動き，成長への一歩を踏み出すことが可能になるのだろう。

　この M 夫についての事例を，大きな流れだけでとらえれば，登園の際に保護者と離れがたい様子を見せてだだをこねていた子どもが，保育者とともにトランポリンで遊んでいるうちに元気になったということになるかもしれません。そのような姿は決して珍しいものではなく，むしろ保育のなかではよくあることだと感じるかもしれません。
　しかし，この M 夫の事例を詳細にみれば，M 夫が元気になり，自分の言葉で「トメテクダサイ」と主張し，他の子どもと一緒にトランポリンを楽しめるようになる一連の過程において，F 先生や津守先生自身が，迷いのなかにある M 夫につきあって過ごしたことが大きな

支えとなっていることがわかります。トランポリンの上で自分で倒れることを繰り返している姿を見て、そこに津守先生は「倒されても自分から起き上がる」というM夫の内なるテーマを見出しています。

このように、子どもの行動を子どもの心の奥にある迷いなどと関連づけて理解することは、さまざまな経験や研修などを通して「子どもを見る目」「保育を見る目」を養うなかで身についていくものであり、難しいことのように感じられるかもしれません。けれど、ここで大切なことは、深く適切な理解ができたかどうかということにあるのではなく、子どものどんな行為のなかにもその子どもの内面が表されており、それを保育者が理解しようとしていたかどうかということにあるのだと思います。保育者に子どもの行為を理解しようとする姿勢があるからこそ、子どもは「安心して揺れ動くことができ、成長の一歩を踏み出すことが可能になる」のです。子どもの「揺れ」をおさめようとするのではなく、子どもが揺れることを受け止めて、子どもが安心して揺れ動けるように対応していくところに保育の意味があります。その柱となるのが、子どもの行為を表現として理解しようとする保育者の姿勢なのです。

❹保育者の身体の重要性

前のM夫の事例でみたように、子どもは行為を通して自分の世界を表現しています。しかし、それは子どもに限ったことではありません。大人も、保育者もまた、行為を通して意識的にも無意識的にも自分を表現しているのです。保育者もまた、子どもと同様に、存在することそれ自体によって表現しているという意識をもつことが重要です。

保育者の表現も子どもと同様に、言葉だけでなく、ときには言葉以上に身体の動きによって表現されます。M夫の事例でいうならば、M夫と一緒にトランポリンをとぶ保育者の動きやリズム、それらがかもしだす雰囲気など、保育者の身体から発せられるものが、子どもに安心や親しみを感じさせるものでなくては、M夫は保育者とともにトランポリンを楽しむことはできなかったでしょう。

たとえば、片付けの場面で保育者が「ほら、早く片付けないとお弁当の時間が短くなっちゃうよ」と子どもに声をかける場面を想像してみてください。みなさんの想像のなかの保育者はどんなふうに子どもに声をかけましたか。立っていますか、しゃがんでいますか。厳しい

第3章　子どもの存在と表現

写真3-1　砂のままごとにかかわる保育者（3歳児クラス，11月）
（千葉大学教育学部附属幼稚園）

顔をしていますか，おだやかな顔をしていますか。声は低いですか，高いですか。話すスピードはゆっくりですか，早いですか。おそらく，それらの姿勢や表情や声の調子などの組み合わせによって「ほら，早く片付けないと～」という言葉がもつ意味はだいぶ変わってくるのではないでしょうか。言い方によっては，「早く片付けないと」という言葉とは裏腹に，遊んでいる子どもの姿を認め，片付けへの取り組みを励ますように子どもに伝わるかもしれません。したがって，保育者には，子どもとのかかわりのなかで自分自身の身体が表現しているものについて自覚的になることが求められます。

　齋藤（1997）は，「教師の『からだ』こそがもっとも基礎的な教育方法」であるとして，なかでも相手を受け入れる「構え」と，他者とのあいだを感じる身体感覚につながる「息」の重要性を指摘しています。たとえば保育のなかで，砂場で子どもたちと大きな穴を掘ってダムをつくっている最中に，遠くから「せんせい，だんご虫みつけたよー」と大きな声で言いながら男の子が走ってきたとします。保育者が穴を掘る手を休めてその子に向き合って，だんご虫を捕まえたその子の嬉しさを受け止める「構え」と，「うわ，ほんとだ。どこでみつけたの？」と深くゆったりとした「息」で言葉をかけられると，子どもは自分の発見を先生に受け止めてもらえた実感をもちます。そして，子どもはさらにだんご虫を探すことや，だんご虫のことを他の子どもにも教えることに対して，意欲をもって活動することでしょう。

→4　齋藤孝『教師＝身体という技術』世織書房，1997年，p.i.

第2節 表現における他者の存在

　これまでに繰り返し述べてきたように，子どもの存在自体が，子どもが意識するしないにかかわらず，何らかの表現をしていること，また子どもの表現はさまざまな形で行われることをふまえると，それらの表現を受け取り，映し返す存在として，子どもの身近にいる人たちの存在が重要となります。身近な人が子どもの行為に反応することで，子どもはその反応から自分の表したものの意味に気づき，その反応に支えられて表現する意欲を高め，さらには表現することをより自覚的に行うようになっていくからです。

　幼稚園や保育所などで，子どもは空き箱や積み木などでつくったものを「みて」「みてて」と保育者に見せることがよくあります。また，園庭ですべり台を滑ったり，うんていに登ったりする際にも「みてて」と保育者に声をかけて，自分が滑ったり登ったりするところを見てもらいたがります（福﨑，2000，2002）。子どもは，保育者から自分の行為に対する共感や賞賛を得るなかで，関係を深め，同時に自分自身の存在を確かなものとしていくのです。この頃の子どもの行為は，他者に共感的に受け止められることで完結するものであるともいえます。

　子どもが空き箱などで組み立てたものに対して「かっこいいのできたね」，子どもがブランコに乗る様子に対して「気持ちよさそうだね」と保育者が応えることで，子どもは安心感や満足感を得ることができ，それが行為すること，さらには表現することの土台になるといえます。

　また，幼稚園や保育所は同年齢の子どもが集団で生活を送る場であることから，子ども同士が遊ぶなかでお互いの動きや言葉，つくったものなどについて，そのおもしろさやかっこよさ，美しさなどを分かち合う姿もみられます。保育者に受け止められ認められることと同じく，他の子どもに自分の表したものを受け止められる経験もまた，子どもの表現を支えるものとなります。

　さらに，自分と同年代の他の子どもの表現は，子どもにとって大きな刺激となります。他の子どもがやっていることを見て，ひきこまれるように同じ動きをしたり，同じ物をもったりと，子どもたちは互い

5　福﨑淳子「幼稚園新入3歳児の遊び場面における『みてて』発話」『保育の実践と研究』5(2)，2000年，pp. 42-59.
　福﨑淳子「『みてて』発話からとらえる幼児の他者意識——見せたい相手はだれか」『保育学研究』40，2002年，pp. 83-90.

写真3-2　友だちと一緒に泥だんごをつくる子どもたち（5歳児クラス，11月）
（千葉大学教育学部附属幼稚園）

> 6　砂上史子・無藤隆「子どもの仲間関係と身体性——仲間意識の共有としての他者と同じ動きをすること」『乳幼児教育学研究』8，1999年，pp. 75-84.
> 砂上史子「幼稚園における幼児の仲間関係と物との結びつき——幼児が『他の子どもと同じ物を持つ』ことに焦点を当てて」『質的心理学研究』6，2007年，pp. 6-24.

に影響し合って遊びを生み出し（砂上・無藤，1999；砂上，2007），その過程のなかでさまざまな表現が引き出されていきます。また，自分より少し年上の子どもの存在は，「あこがれ」の気持ちを引き起こし，子どもの表現の大きな原動力になっていきます。

このような，子どもの表現における他の子どもの存在の意義は，2008年3月に告示された幼稚園教育要領の領域「表現」の「3　内容の取扱い」において，新たに次の内容が加わったことにも通じます。

(3)　生活経験や発達に応じ，自ら様々な表現を楽しみ，表現する意欲を十分に発揮させることができるように，遊具や用具などを整えたり，他の幼児の表現に触れられるように配慮したりし，表現する過程を大切にして自己表現を楽しめるように工夫すること。

したがって，子ども同士が出会うとき，それはお互いの表現に出会っていることでもあるのです。

第3節　表現者としての育ち

❶偶然を楽しむことから目的をもって楽しむことへ

これまでは，子どもの表現のなかでも知らず知らずのうちに表現する側面を中心にみてきました。年齢が幼いほどそうした表現が多いと

考えられますが、育ちに伴い子どもが意識的に表現すること、または表現することを意識することも多くなっていきます。

たとえば、幼稚園や保育所などで、子どもはよくブロックをつなげて遊びます。ブロック自体は、つなげるだけでなく、振ったり、投げたり、積んだり、並べたり、打ち合わせたりと、さまざまなかかわり方が可能です。実際、赤ちゃんはブロックをなめたりすることも含めて、さまざまなかかわり方をします。その後、子どもはブロックで遊ぶなかで、ブロックは縦にも横にも（ななめにも）つなげることができることを経験し、「つなげる」という特徴を生かしてブロックを組み立てるようになります。

子どものブロック遊びは、特に何をつくろうという目的をもたずに、まずは近くにあるブロックを使ってほとんど手当たり次第につなげて長くしたり、大きくしたりする段階から、しだいに「かっこいい剣をつくりたい」「消防車をつくる」という目的をもってブロックの形や色を選ぶようになる段階へと進んでいきます。偶然できた形を楽しむ段階から、目的をもって形を構成するようになる段階へと変化していくのです。真っ赤な消防車をつくろうとしているのに赤いブロックを他の子どもが使っていれば、赤いブロックを探したり、見つからなければ「赤いブロックかして」「赤いブロックを使いたい」と自分の欲求を他の子どもや保育者に伝えたりして、自分の目的を実現しようとするでしょう。そのような目的をもってものとかかわるようになる段階は、自分が何をしたいか（何をつくりたいか）という意識を伴ったものであり、自分の表現を子どもなりに意識しているといえます。

無藤（2001）は、「学びの三つのモード論」として、子どもの遊びにおける学びのあり方について述べています。それによれば、最初はある場所に入りこんでその場にあるものにさまざまなやり方で五感を通してかかわる「入り込む学び」、次に直接かかわることから一歩ひいてものをていねいにとらえる「眺める学び」、さらに他者の言葉から自分の経験を広げていく「想像力による学び」の3つのモードが子どもの学びには存在することが指摘されています。そして、これらの学びは、子どもの成長にあわせて「入り込む学び」→「眺める学び」→「想像力による学び」と進んでいき、「入り込む学び」から「眺める学び」の中間に「思い起こすこと・表現すること」があるとしています。

この無藤の「学びの三つのモード論」を参考にするならば、子ども

➡7　無藤隆『知的好奇心を育てる保育──学びの三つのモード論』フレーベル館，2001年

が意識的に表現するようになる（自分の表現を意識するようになる）過程は，「入り込む学び」から「眺める学び」への進展のなかに埋め込まれていると考えられます。つまり，子どもが身の周りにあるさまざまなものに対して直接かかわることから，それらのものを少し距離を置いて注意して眺めるようになるという，対象とのかかわり方の変化が，子どもが表現者として育つ過程に重なっているといえます。

❷自分の表現へのまなざしが現れる

　子どもが自分の表現を意識するということは，子どものなかに自分の表現を子どもなりに評価するまなざしが生まれることでもあります。この評価のまなざしは，表現に対する自信をもたらすこともありますが，同時に表現に対する抵抗感を感じることにもつながります。

　無藤が指摘しているように，子どもはものに直接かかわることから，しだいに想像力を働かせて周囲のものにかかわるようになっていきます。特に幼児期は現実そのものではない想像の世界，イメージの世界が豊かになっていきます。そのため，自分の想像と自分の表現とのギャップに戸惑うことや，想像がより複雑で詳細なものになるためにそれを表現する技術が追いつかないということが生じるようにもなります。たとえば，絵を描くときにも，それまでは「失敗作」や「書きなおし」という発想すらなかったのに，しだいに子ども自身から「失敗した」「書きなおす」という言葉が出てくるようにもなります。このように，自分の表現をある意味で客観的に見る（眺める）ことができることは，子どもの表現者としての育ちともいえます。しかし，そのことによって，表現することが楽しめなくなったり，苦手意識をもってしまったりするということも生じます。

　槇（2008）は，表現をしない子どもの事例を検討し，「表現の意欲」に関する要因として「①個人的要因（体調や発達状況。遊びの好みや傾向）」「②対象要因（導入や教材の魅力）」「③環境的要因（保育者の援助が適切で受容的）」「④社会的要因（クラスのなかでの様子。友達関係）」をあげています。保育者には，これらの要因を参考にしながら，子どもの表現の意欲にかかわる事柄を具体的かつ多面的にとらえ，子どもが表現する意欲をもち，表現を楽しむことができるような援助を行っていくことが求められます。それは，とりもなおさず子どもの行為を表現としてとらえ，子どもの内面を深く理解することでもあるのです。

▶8　槇英子『保育をひらく造形表現』北大路書房，2008年

さらに学びたい人のために

- 津守真『子どもの世界をどうみるか』NHK ブックス，1987年

  子どもの描画や保育における行為の具体的事例を通して，子どもの行為を子どもの内的世界の表現としてみる，「人間学的理解」のあり方を論じています。子どもの行為を丁寧に共感的にみつめるまなざしと，それに対する解釈の奥深さは，子どもの世界だけでなく保育の世界の豊かさを示しています。

- 無藤隆『知的好奇心を育てる保育——学びの三つのモード論』フレーベル館，2001年

  子どもの遊びを通しての学びを，「五感を通してかかわること」，「眺めること」，「言葉から想像すること」の３つのモードとして指摘し，その過程に表現することを位置づけています。遊ぶこと―学ぶこと―表現することの関連を，保育の実践事例を通してわかりやすく解説しています。

演 習 問 題

1. 幼稚園や保育所で子どもの遊びを観察し，以下のことに注目して記録してみましょう。
   ① 子どもは遊びのなかで，何を楽しんでいるか，何をおもしろいと感じているか。
   ② 子どもの身体の動きや身体から伝わってくるものは，どんな気持ちか。
   ③ 子どもはどんなものを保育者に「みて」「みてて」と言っているか。
   ④ 子どもは自分のつくったり，かいたりしたものを意識していると思われる姿は，どんな姿か。
2. 1で観察したことについて，乳幼児期の「表現」の特徴について，グループで話し合ってみましょう。

第4章

子どもの豊かな感性と表現を育む環境

　子どもの豊かな感性と表現は，周囲の環境とのかかわりのなかで育まれます。では，そのために，どのような環境が保育の環境として望まれるのでしょう。本章では，そのことを皆さんと一緒に考えていきたいと思います。さて，ここで問題です。子どもの感性と表現を育てる理想の「保育環境」は存在するのでしょうか？

　実は，いくら子どもの視点に立って保育環境を十全に整えたとしても，「理想である！」と言い切ることは難しいのです。なぜなら，同じ環境にいたとしても，その環境のとらえ方は，一人ひとり違っているからです。

　そこで保育者は，個々の子どもがとらえている環境のありようを理解し，その子にふさわしい環境を適時柔軟に再構成していくことが求められるのです。ここに保育の難しさと奥深さがあるといえます。このことをふまえて，子どもの感性と表現を豊かに育む保育環境について考えていくことにしましょう。

　本章では特に，時間・空間・モノ・情報・人という視点から具体的に保育環境を検討していくことにします。

草多い丘、木陰…
いい環境だ。子どもと
遊びたくなるねえ
はっ
誰!?
不審者!?

ああ、倉橋惣三先生ね
ウチの園庭には 先生の
魂が宿っているの
園長!
今そこに変な
人が…
変な人
じゃない
わよ
保育要領

第4章 子どもの豊かな感性と表現を育む環境

第1節 求められる「豊かな感性と表現を育む環境」

❶環境との相互作用のなかで表現する子ども

　以下の図4-1，図4-2は，いずれも『エルマーのぼうけん』に掲載されているシーンです。皆さんが，もし，以下の環境にいるエルマーだとしたら，どのような気持ちになって自分を表現するでしょう？主人公のエルマーになったつもりで考えてみてください。

図4-1　ライオンが通る森
出所：ルース・スタイルス・ガネット（作），渡辺茂男（訳）『エルマーのぼうけん』福音館書店，1963年，p. 86.

図4-2　雲の上
出所：ルース・スタイルス・ガネット（作），渡辺茂男（訳）『エルマーのぼうけん』福音館書店，1963年，扉

　図4-1において，エルマーはジャングルのなかを歩いていく雌のライオンに見つからないよう隠れています。ライオンが標識の所でちょっと下を見れば，エルマーは見つかってしまいます。エルマーになったつもりの私たちは，物音を立てないで息を潜めるようにして，見つからないようにこの場にいることを考えることでしょう。一方，図4-2において，エルマーは，りゅうの子と一緒に楽しそうに踊っています。エルマーになったつもりの私たちは，雲の上であるにもかかわらず，何だかとても楽しげに踊りたくなります。足を伸ばし，指先までピンと力を入れて，にこやかに楽しさを表現しながら，りゅうの子と目を合わせて踊りたくなります。

　このように，私たちは環境との相互作用のなかで，自分を表現していくのです。環境のなかには，私たちの行為可能性を引き出す情報が

含まれているといってもよいでしょう。その情報をとらえながら，さまざまな側面から自分を表現し，相手との関係を紡いでいくのです。ときには，図4-1のように，相手に見つからないように身を隠し，できるだけ自分の存在を目立たないように表現することもあるでしょう。また，図4-2のように，雲の上という危ない場にもかかわらず，りゅうの子と手をつないで，その楽しさを表現することもあるでしょう。環境が変わることで，自分の表現も変わってくるのです。したがって，保育に携わる者は，子どもの豊かな感性と表現を育むために，多様な体験が導き出される環境を吟味していくことが望まれるのです。

❷環境の変化を視野に

　私たちが生活している環境は，毎日同じように私たちの周囲に存在しているように思えます。今日の環境が翌日激変するということは，戦争や天災などが生じない限り，滅多に起こらないでしょう。しかし，時間の経過とともに，環境は確実に変化していくのです。たとえば，日本では1950年代以降，各家庭にテレビ，掃除機，洗濯機，冷蔵庫などの家電が浸透しました。その後，高度経済成長期を境に急激な都市化・高層化が進み，道路は舗装され，一見便利で効率的な生活環境が整っているようにみえます。住みやすくなったのも事実です。しかし，子どもの豊かな感性と表現を育む環境という視点からみると，それらの環境は多くの問題を含んでいる側面もあります。このように，私たちを取り巻く環境は，常に変化し，便利になり進歩すると同時に，検討すべき問題も生じてきます。私たちは，この両面を視野に入れて，豊かな感性と表現を育む環境と子どもの相互作用を考えていく必要があるでしょう。そのためには，子どもが現在の環境とどのようにかかわっているか，その実態を把握することが必要です。また，子どもが生きていくこれからの環境を展望しつつ，豊かな感性と表現を育む環境を保育者として整えていく必要があるのです。

　では，「子どもと時間」「子どもと空間」「子どもとモノ」「子どもと情報」「子どもと人」に焦点を当てながら，子どもの感性と表現を育む環境について具体的に考えていきたいと思います。その際，時間・空間・モノ・情報・人は単独のものではなく，互いに絡み合い，時々刻々と変化した状況として子どもの前に立ち現れるということを付け加えておきます。

第2節 子どもと時間

❶失われつつある子どもの時間

　ミヒャエル・エンデの『モモ』をご存知でしょうか。「時間貯蓄銀行」と称する灰色の男たちに時間を盗まれ，時間に追われる生活を強いられる人々。そのなかで，主人公のモモは，時間を盗まれることを拒否しゆったりとした時間を生き，人々を癒していきます。効率性を重視する経済中心の生活のなかで，実は，人々は豊かな表現を忘れ，無表情になっていくのです。私たちは，この物語から，ゆったりとした時間の流れのなかで，豊かな感性と表現が育まれていくことを確信していきます。また，このことは，今の子どもを取り巻く時間の流れにも共通していることであり，危惧されることです。家庭生活においても，忙しい大人中心の時間のなかで生活せざるを得ない子どもの状況があります。

　子どもが周囲の環境と向き合うには，時間が必要なのです。環境と双方向的なかかわりをもち，感じ，納得して自分を表現するには，それなりの時間が求められるのです。映画「こどもの時間」では，ゆったりとした時間の流れのなかで，環境とかかわり生活する保育園児の姿が映し出されています。そこでは，周囲の水や草花，木々，土や石，多様な生き物などと全身でじっくりかかわり，驚いたり感動したり喜んだりしてさまざまな感情を表している子どもの映像が流れています。保育環境としての時間を考えるとき，この映像は，私たちに多くのことを考えさせてくれます。失われつつある子どもの時間を，どのように保育の場で保障していくかが求められているのです。

❷保育における時間と子どもの表現

　就学前の保育と小学校教育との大きな違いは，その指導方法にあるといえるでしょう。保育においては，遊びや生活において実物に身体でかかわりながら，経験としての保育内容を重ねていきます。それに

➡1　ミヒャエル・エンデ（著），大島かおり（訳）『モモ』岩波書店，1973年

➡2　野中真理子（監督・脚本・編集）映画「こどもの時間」
　保育所の0歳児から5・6歳児が光と風と共に育つ1995—2000年の保育記録。子どもたちの命の輝きのドキュメンタリー。

対して，小学校教育では，教科の時間枠のなかで教材を操作しながら学習内容を学んでいきます。したがって，小学校教育では時間割があり，その時間内で教科指導が展開されるのです。一方，幼稚園や保育所では，登園後，遊びを中心とした生活のなかで時間が流れていきます。

では，子どもたちは，このような保育のなかで，どのように時間と付き合いながら生活を展開していくのでしょう。ここでは，子どもの表現という視点から，以下のエピソードをもとにみていくことにしましょう。

Episode 1

太鼓づくり（4歳H児）

（場面①）タコ糸を調節しながら太鼓をつくる

H児は，登園すると「太鼓をつくる！」と言ってつくり始める。空箱にタコ糸をつけて首からぶら下げようとするが，糸がセロテープからすり抜けて外れてしまう。何度か繰り返すうちに，セロテープを縦に貼りつけることで止めることができ，嬉しそうに保育者に見せる。タコ糸がつくと持ち上げてバランスをみている。タコ糸が長すぎることがわかると，一番上の部分を結びはじめる。しかし，今度は短かすぎてしまう。すると，いきなりタコ糸の途中を切り，他のタコ糸をセロテープでつけ足した。

↓

（場面②）できあがるとポーズをとる

割り箸の先にビニールテープを結びつけ，バチをつくる。できあがると満足そうに，写真を撮ってほしいと保育者（園長）に言ってくる。得意になって，ポーズをとっている。

↓

（場面③）年長組の保育室に太鼓を見せにいく

太鼓をたたきながら，パレードをしているような気分で，満足そうに行く。

↓

（場面④）年長組の保育室で買い物をする

年長組に行くと，保育室内にお店屋さんごっこが展開している。パン屋さんに興味を示して，パンを買う。

↓

（場面⑤）片付けの時間を察して，4歳児保育室に戻る

4歳児担当保育者が「もう帰らないと」と言って保育室に戻っていく。それを見て，パンを手に4歳児保育室に戻る。

第4章　子どもの豊かな感性と表現を育む環境

> 3　このエピソードについては、小田原市立東富水幼稚園「豊かな心情と生きる力を育むための環境や援助について──自分で遊びを作り出す力を育てる」（平成19年度研究紀要）に詳しく記述されています。

　このエピソードの場面①において、H児は試行錯誤しながら太鼓を製作しています。大人からみれば、一見無駄な行為にもみえるタコ糸の調節ですが、自分なりに考えて一生懸命取り組んでいます。登園時から太鼓をつくりたいと言っていますので、H児なりのイメージを描き、それを目の前にあるモノを活用して表現しているといえます。この一連の試行錯誤には、1時間近くかかっています。じっくりと取り組む時間が保障されていたことで、H児自身の納得のいく表現を可能にしたといえるでしょう。場面②において、ポーズをとって誇らしげに作品を見せ、そのときの満足感を身体で表現しています。

　このように、この園ではできるだけ子どもが環境とじっくりかかわる時間を保障しているのです。では、子どもは日常の時間の流れをどのようにとらえているのでしょう。遊びを楽しみ、遊びこんだ実感を味わったH児は、場面⑤で4歳児担当の保育者の「もう帰らないと」という言動から、片付けの時間を感じています。まさに体内時計と保育者の言動という周囲の環境から、生活のなかで時間の流れ（遊び→片付け）を感じ取っているのです。

　以上のことからも、保育において子どもの豊かな感性と表現を育むためには、子どもが納得して遊びに取り組む時間の保障が必要だといえるのです。

第3節　子どもと空間

❶子どもが主体の空間

　保育の場としての空間は、基本的に子どもが主体であることが第一の条件となるでしょう。保育者が、空間の行き来を仕切り、使い方を仕切っているとしたら、子どもの身体はのびのびと表現することができなくなってしまいます。いつも大人の顔色をうかがい、指示を待ちながら行動するようになってしまうのです。

　では、子どもが主体の空間とは、どのような空間を指すのでしょう。1つには、基本的に保育者である大人の許可を得ずに、日常的に自由

に出入りできる空間が確保されているかということがあるでしょう。そのためには，時間の保障，保育者との人間関係，子ども同士の人間関係，空間とモノとの関係なども絡んでくることは言うまでもないことです。あと1つには，子どもの興味関心をとらえ，発達に必要な経験を促す空間がいかにつくられているかということがあるでしょう。このことについては，次に具体的に記していきます。

❷隠れ家的空間

　子ども主体の空間にするには，子どもの興味関心をとらえる必要があると前述しました。その興味関心に目を向けると，保育の場に隠れ家的空間を保障していくことが求められます。子どもは，隠れ家的空間のなかで，気の合う友達と一緒に自分たちの世界を楽しみます。なにか，自分たちの世界をこの空間につくっているように思えるのでしょう。気の合う友達との関係のなかで，安心して自分を表現することができるのかもしれません。あるいは，誰にも邪魔されない空間で，たった一人で絵本や童話の世界に浸っていくかもしれません。そこでは，物語の世界に浸り，表現の蓄えをしているのです。

　各園では，階段下の空間を活かして小部屋をつくったり，廊下のコーナーを囲って扉をつけたり，園庭の木の上や山上に小屋を建てたりすることで，隠れ家的空間をつくる工夫をしています。また，今ある園舎のなかで，隠れ家的空間を工夫していくことも大切です。たとえば，段ボール箱を活用したり，棚を移動して囲いにしてみたり，布を活用してみたりすることで，日常的に隠れ家的空間をつくることも可能です。そこでは，保育者の知恵が求められるのです。

写真4-1　段ボールを活用した隠れ家的空間：「いないいないばあ」を楽しむ

第 4 章　子どもの豊かな感性と表現を育む環境

❸高低・風・光・水を体感できる空間

　子どもの表現を豊かに引き出し，発達を促す空間であるためには，さまざまな環境のありようを体感できることが求められます。段差があり高低を体感できる空間。風や光，水を体感できる空間。それらの空間は，人工化される現代の生活環境のなかで特に求められるものです。興味深いことに，歴史を振り返ってみると，このことがきちんと明記されているのです。わが国の保育の基盤を築いた倉橋惣三が，その作成にかかわった戦後初の保育内容の基準である「保育要領」(1948年)には，保育所・幼稚園の園庭について次のように記されています。

　　運動場は日光のよく当たる高燥で排水がよく，夏には木陰があり，冬は冷たい風にさらされないところを選ぶ。できるだけ自然のままで，草の多い丘があり，平地があり，木陰があり，くぼ地があり，段々があって，幼児がころんだり，走ったり，自由に遊ぶことができるようなところがよい。

　現行の幼稚園教育要領・保育所保育指針は，この保育要領の考え方を受け継いだものです。高低・風・光・水を体感できる空間のなかで，子どもは諸感覚を通して感性と表現を磨いていくのです。世界に目を向けてみますと，保育の分野で世界的に注目されているイタリアのレッジョ・エミリア市における取り組みでも，このような空間の確保を行い，子どもたちの豊かな表現を導き出しているのです。

➡ 4　「保育要領」は，幼稚園・保育所・家庭における幼児教育の手引きとして刊行され，楽しい幼児の経験12項目が次のように示されました。1．見学，2．リズム，3．休息，4．自由遊び，5．音楽，6．お話，7．絵画，8．製作，9．自然観察，10．ごっこ遊び・劇遊び・人形芝居，11．健康保育，12．年中行事。

➡ 5　これに関しては，小学館ビデオ「レッジョ・エミリア市の挑戦」が参考になります。

第4節　子どもとモノ

❶人工物に溢れるモノ環境

　現代社会は，モノに溢れています。特に環境が激変するなか，自然物の代用となる人工物が溢れるようになってきています。たとえば，子どもたちに人気を得たアーケードカードゲームに登場する昆虫を模倣した玩具は，安価なものから高価なものまで広く販売されています。高価なものは，虫の微妙な身体の動きを絶妙に表すように開発されま

した。子ども向けの玩具に限らず，現代社会は人工物に溢れています。スーパーマーケットに行くと，鮮魚売り場では，刺身を盛り付けた皿，彩りを添える菊の花や緑の葉，おいしそうなイクラや蟹の身など，器から食材に至るまで人工物に取り囲まれている実情を目の当たりにします。それらのモノが，自然物として存在していたことすら認識しづらい状況も浮上してきています。このように，人工物に取り囲まれて生活する私たちですが，特に乳幼児期の子どもたちには，自然物とのかかわりを体験させていく必要があります。身体を通した自然物とのかかわりは，生物として本来備えている人間の豊かな感性と表現力を呼び覚ましてくれるからです。また，その体験は，自然環境とかかわる力を育み，かつ自然物を代用するモノの新たな創造（表現）へと将来的に導いてくれるからです。

❷園におけるモノ環境

　就学前の保育は，義務教育ではありません。したがって，各園の独自性が園環境にも影響を及ぼしていますが，いずれの園においても前述したように自然物とのかかわりは大切にしてほしいものです。

　Y幼稚園では，できうるかぎり自然物とのかかわりを重視しています。たとえば，園庭には多くの木々を植えています。これらの木は，木登りの木でもあり，季節によって花を観賞したり，実を食したりする木でもあります。剪定された枝々は，子どもたちの創造力をかき立ててくれる絶好のモノとなります。その太さや曲がり具合を活用して，子どもたちはイメージを描き，さまざまな表現を楽しんでいきます。また，それらの木々は，大小の葉をつけています。大きな葉をお面のように顔に当てて自分を表現してみたり，数枚の葉を組み合わせて独創的な形を表現したりします。そこに，落ちた花を添えることで華やかさを加えた表現に変化させていったりします。このように，子どもは，自然物の多様な形を組み合わせながら，偶然形づくられる表現の楽しさをくり返し味わっていくのです。例として木をあげましたが，園庭の土・砂・粘土・石・水，草花など，配慮すれば多様な自然物を園環境として構成していくことが可能です。数多くの自然物との触れ合いを，園において豊かに保障していく必要があるのです。

　一方，園において，人工物であるさまざまなモノ環境も必要です。各園には，折り紙・画用紙・和紙・クレープ紙・ツヤ紙などの紙類，

第4章　子どもの豊かな感性と表現を育む環境

絵の具・クレヨン・色鉛筆などの描くモノ，積み木・ブロック・人形・ままごと道具などの遊びに使うモノなど，乳幼児期の子どもの発達を保障するために目的的につくられたモノも数多く存在します。また，私たちの生活に目を向けてみると，自然物の代用品としての人工物が数多く存在します。たとえば，水晶やダイヤなどの宝石や石の代用品であるガラス・プラスチック・陶器製品などです。子どもたちは，その感触や透明感，模様の美しさなどを味わい，感性を磨いていきます。工事現場に行くと，板切れ，木屑，釘，ねじ，針金，樋，タイルなど，子どもたちが使えそうなモノに出会います。子ども向けにつくられた人工物だけではなく，生活のなかで使われているさまざまな人工物にも目を向け，保育のモノ環境として活用していきたいものです。

❸モノの組み合わせと子どもの表現

　園環境としてのモノ（自然物・人工物）について前述しましたが，それらのモノは，自然物と自然物，人工物と人工物，自然物と人工物というように，さまざまに組み合わせて使うことがあります。意外な組み合わせを工夫することで，創作意欲が湧き起こってくることがあります。以下のエピソードは，毎月1回開かれる研究会で検討されたW幼稚園での出来事です。W幼稚園の4歳児クラスでは，3歳児の経験をもとに，小麦粉粘土を子どもとともにつくることから始めています。

Episode 2

小麦粉粘土づくり（4歳児6月）

　小麦粉粘土を，子どもとともにつくる。ビニールシートを敷いた机の上に小麦粉・粉絵の具・水を用意する。子どもたちは，3歳児のときの経験を思い出しながら，小麦粉・粉絵の具・水を混ぜ合わせ，「調合」を楽しむように小麦粉粘土をつくり始める。調合の仕方により，それぞれの小麦粉粘土は色合いや硬さに違いが見られる。互いの色合いを見合ったり，硬さを感じたりしながら，気に入った小麦粉粘土をつくっている。気に入った小麦粉粘土ができると，それをこねて，さまざまな形にすることを楽しんでいる子どももいる。

　つくられていく小麦粉粘土は，それぞれ色の具合も硬さも微妙に異

なっています。また，机に向かって数名の子どもたちが取り組んでいるため，互いに見合い，調合を変えていくことも楽しんでいるのです。小麦粉粘土ができあがると，感触を楽しんだり，さまざまな形をつくって楽しんだりしています。数日かけて楽しむ子どももおり，形づくったものにマカロニやビーズを載せたりして飾り，ままごとのご馳走にする姿も見られました。ここでは，さまざまなモノを組み合わせていくことの楽しさを感じています。配分により，できていく小麦粉粘土の感触が変わり，色合いも変わっていくのです。まさに，自分で調合しながらリアルタイムでその変化を楽しむことができるのです。

　この過程が遊びであり，子どもの表現でもあります。最終的に，小麦粉粘土でご馳走や飾りをつくった子どももいますが，単に小麦粉粘土づくりを楽しんだ子どももいます。就学前の子どもたちには，モノとじっくり向き合う体験，そしてそれらのモノを組み合わせることのおもしろさも体験させていく必要があります。そのためにも，園において，発達や時期に応じた多様なモノの準備と，モノの組み合わせを試みることのできる保育環境を整えていくことが必要なのです。

第5節　子どもと情報

❶メディアミックス戦略による消費情報

　多メディア時代といわれる現在，子どもを取り巻くメディアからの情報は溢れています。子ども向けテレビ・ビデオ・CD・DVDなどの映像からの情報，絵本・月刊誌などの書物からの情報は，豊かな現在の日本を反映しているともいえるでしょう。しかし，その実情は，各メディアが絡み合いながら消費社会に子どもを誘うものであったり，質的検討が十分なされていないものであったりします。

　経済重視の消費社会は，乳幼児期の子どもも消費の対象とし，いつの間にか消費者として巻き込んでいくのです。たとえば，子ども向けテレビ番組に登場するヒーロー・ヒロインが身につけている変身グッズや武器・衣装は，番組途中のCM放映と同時に商品として紹介さ

れていきます。また，同時に紹介される子ども向け雑誌には，番組の情報が満載であり，そこにも上記の商品がヒーロー・ヒロインとともに掲載されています。子ども向けテレビ番組の映画化や，ビデオ化・DVD化の情報も漏れなく掲載されています。大好きなヒーロー・ヒロインが登場するテレビ番組を視聴している子どもは，いつのまにか変身グッズや武器・衣装の情報にふれ，購買意欲を掻き立てられていくのです。問題は，これらの情報により手に入れた商品が，子ども同士のつながりを結びつけていく道具になりうるという実情なのです。

❷ステレオタイプ的情報と子どもの表現

多メディアからの情報は，前述したとおり，子ども同士の仲間関係に大きく影響を与えることになります。前日見たテレビの内容が遊びのきっかけになったり，ヒーローやヒロインの言動が仲間の合言葉になったりするのです。情報自体も，子ども同士の仲間関係に大きく影響を及ぼすということです。特に，5・6歳になれば，毎週放映される子ども向けテレビ番組からの情報は，放映された週のものが旬な情報となるため，更新される情報をいかに収集しておくかが仲間関係を持続させるための鍵となります。

では，その番組の内容はどのようなものなのでしょう。ヒーロー・ヒロインが日常的に戦いを展開したり，冒険しながら戦いを繰り広げたりする内容は，特に子どもたちの支持を得ています。そこでは，戦いのきっかけや背後にある物語はさまざまですが，善者と悪者とが変身や戦いを展開するシーンが繰り広げられます。乳幼児期の子どもたちは，戦いのきっかけや背後の物語を理解できなくとも，変身や戦いのシーンを目に焼きつけ，その模倣を楽しむのです。これらの変身や

写真4-2 テレビの影響を受けた戦いの動き

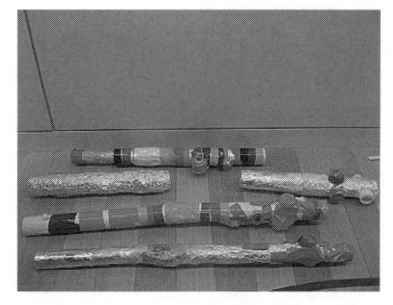

写真4-3 メディアの影響を受けた武器づくり

戦いの動きや言葉はステレオタイプ的なものが多く，その模倣も同様にステレオタイプ的になっていくのです。したがって，たとえ変身グッズや武器などを製作したとしても，同じようなものをつくったりすることが多くなってしまうのです。ここに，園や家庭での日常生活が反映していくのです。このことについては，次で述べることとします。

❸情報の再構築と子どもの表現

　多メディア時代を生きる子どもは，溢れる情報のなかを生きています。それらの情報から，消費社会に組み込まれていくことも否めないのが実情です。また，ステレオタイプ的情報から，ステレオタイプ的表現をして仲間関係をつなごうとする傾向も否めません。しかし，子どもたちは，家庭や園で豊かに環境とかかわる経験を重ねることにより，メディアから得た情報を自ら遊びとして再構築していくのです。たとえば，保育者から『エルマーのぼうけん』を読んでもらったG幼稚園5歳児クラスの園児たちは，その情報をもとに，自分たちの「エルマーのぼうけん物語」をつくっています。そこでは，園での冒険ごっこや電車での外出経験などを入れ込んだクラス独自の「エルマーのぼうけん物語」として再構築しています。最終的には，劇遊びとなっていくのですが，一人ひとりが自分らしさを表現しながら，クラスの表現として発表しているのです。その背景に，子どもが表現遊びを十分楽しめる時間や空間，小道具や大道具づくりに必要なモノなど，保育環境の保障があることはいうまでもないことです。このように，メディアからの情報も，日常の生活に組み入れながら自分たちなりに再構築し，その過程で表現を楽しむ子どもの姿が見られるのです。

➡6　ステレオタイプ　行動や考え方が固定的・画一的であり，新鮮味のないこと。

➡7　これに関しては，岩波保育ビデオシリーズ「3年間の保育記録」や小林紀子（編）『私と私たちの物語を生きる子ども』フレーベル館，2008年，pp. 102-113を参照してください。

第6節　子どもと人

❶かけがえのない他者と子どもの表現

　保育所保育指針解説書の第2章「子どもの発達」第1節「乳幼児期

の発達の特性」において，(1)「人への信頼感が育つ」として以下の文章が記されています。

　　幼い子どもは，周囲の大人からこの世にただ一つ存在するかけがえのない人間として尊重され，愛されることによって，人への信頼感を育んでいきます。この基本的な信頼感を心の拠りどころとして，子どもは徐々に働きかける対象を広げていきます。興味や好奇心に導かれて触れていく世界は，子どもにとって新たな出会いや発見に満ちています。笑ったり泣いたり驚いたり不思議に感じたり，周囲の大人や子どもと共感したり楽しんだりする中で，子どもの情感が豊かに育っていきます。

　ここでは，かけがえのない存在として尊重され，愛されることによって，信頼感を基盤にかかわる世界を広げ，子どもの情感が豊かに育っていくことが示されています。同時に，さまざまな人とのかかわりのなかで，自分と他者との違いに気づき始め，この気づきが自分の気持ちを相手に表現していく意欲や行動につながるとしているのです。「表現」の視点から，この文章を見てみると，乳幼児期の子どもはかけがえのない存在として尊重され，愛してくれる他者との関係のなかで，豊かな感性と表現も育まれていくことが理解できます。

❷共存感覚と子どもの表現

　人間は，本来社会的な存在です。他者との関係のなかで，ともに感じ，楽しみ，生活していくのです。核家族化，少子高齢化社会のなかで，家庭保育では味わいづらくなった他者との共存感覚を，集団施設保育では経験することができます。幼稚園教育要領，領域「表現」の「内容の取扱い」(1)，(3)のところには，以下の文章が記されています。
　【内容の取扱い(1)】
　　豊かな感性は，自然などの身近な環境と十分にかかわる中で美しいもの，優れたもの，心を動かす出来事などに出会い，そこから得た感動を他の幼児や教師と共有し，様々に表現することなどを通して養われるようにすること。
　【内容の取扱い(3)】
　　生活経験や発達に応じ，自ら様々な表現を楽しみ，表現する意欲を十分に発揮させることができるように，遊具や用具などを整えたり，他の幼児の表現に触れられるよう配慮したりし，表現する過程を大切にして自己表現を楽しめるように工夫すること。

上記の内容は，まさに，子ども同士のかかわりのなかで共存感覚を味わいながら感動体験を積み，表現の楽しさを実感していくことの重要性を示しているのです。このとき，かけがえのない他者がいるからこそ，さまざまな他者とともに共存感覚を味わい，豊かな表現へと導かれていくのです。一緒にいて同じものを見て同じように感じたり，同じものを身につけたり，同じ動きをしたり，同じ歌を歌ったりするなかで，さまざまな表現を学んでいくのです。また，このような経験を重ねていくことにより，子どもが友達とかかわるなかで，自分の興味や関心を発揮しながら，分担したり協力したりして，楽しい遊びをつくり出していくような協同性の育ちを保障していくことになります。そこでは，一緒に何かを表現しようとする姿もみられます。個々の表現を活かしながら，協同で表現する楽しさも子どもたちは経験していくのです。

さらに学びたい人のために

・無藤隆・汐見稔幸（監修）『保育園は子どもの宇宙だ！』北大路書房，2007年
　育ちを促す保育環境づくり（トイレを中心に）のヒントを，現場保育士，保育専門家，設計者が縦横に語りつくす内容がまとめられています。
・青木淳『原っぱと遊園地』王国社，2004年
　あらかじめそこで行われることがわかっている「遊園地」と，そこで行われることでその中身がつくられていく「原っぱ」との違いについて述べられています。
・岩波保育ビデオシリーズ（文部科学省特別選定）「3年間の保育記録」岩波映像株式会社，2005年
　幼稚園の3年間の生活をビデオ撮影した保育記録であり，保育環境とのかかわりが鮮明にみえてきます。
・小学館教育ビデオ，佐藤学・秋田喜代美（監修）「レッジョ・エミリア市の挑戦——子どもの輝く創造力を育てる」小学館コミュニケーション編集局，2001年
　イタリア，レッジョ・エミリア市の保育実践を撮影したビデオで，豊かな表現を導く保育環境のヒントとなります。

演 習 問 題

1. 自分が育った頃の「時間」「空間」「仲間」のありようについて思い出し，子どもの感性と表現を育む環境について話し合ってみましょう。
2. いくつかの園環境が描かれた資料をもち寄り，どのような園環境が子どもの豊かな感性と表現を育むかについて考えてみましょう。

第5章

諸感覚を通しての感性と表現

　人は五感を通して,自分のおかれた環境から多くのものやことを認知し,脳にインプットしていきます。脳は4,5歳までに大人の9割くらいまで成長しますが,その過程で五感を通しての刺激がないと,健全に発達しないことがわかっています。けれども,子どもを取り巻く家庭や地域社会における急速な環境の変化により,現代の子どもには直接体験が不足しているという問題が生じています。乳幼児期にしっかりと五感を働かせて生身の身体性を目覚めさせ,あるものに敏感に反応したり,そのなかにあるおもしろさや不思議さなどに気づいたりする感性を豊かにしていくことが重要です。

　いろいろなことを敏感に感じられるようになると,自分の表現が生まれてきます。表現することを楽しみ,また,自分の表現によって周りが反応してくれる喜びや,物事が変わったり進んだりしていくおもしろさを感じられると,さらに表現も豊かになります。

　この章では,主に五感を通して子どもたちは何を感じ,どのように感性を培っていくのか,そして,それをどのように生活のなかで表現しているのかを具体的に学びます。また,保育者がどのようにかかわることが,子どもの感性を育て,表現を引き出すことにつながるのかも考えていきましょう。

子どもたち
気づいてる
かな～?
ねえ きのうと
何か変わって
ない?
芽が出た
え?
あっ先生
きのうは髪を
結んでた!
エプロン
が違うよ!
よく見てるね～
でも
私じゃなくて
....
きのうも
二重まぶた
だった?

第1節 視覚（見る・観る）

❶視覚のはたらき

①見ようとしなければ見えない

　現代人は，外界から得る情報の約80％を視覚に頼っているといわれます。つまり，視覚は五感のなかで最も使われている感覚といえます。人の視覚は，目の前の像の光と影を網膜上に映し出し，それを脳が感知するというシステムで，色や形も判断します。だから，目の前にドアがあるとか，目の前を2人の子どもが走って行った，その子たちは水色のスモックを着ていた，と認知することができるのです。けれども不思議なことに，人の目は「見ようとしなければ見えない」という性質をもっています。

Episode 1　ダム工事に没頭する3歳児

　砂場で昨日の続きのダム工事をするんだ，と意気込んで登園してきたユウトは，腕まくりをして顔に泥をつけながら没頭して遊んでいます。片付けて保育室に戻ってきたユウトに，「砂場の横の花壇に，きれいな赤いチューリップが今日は3つも咲いていたね」と保育者が声をかけると，ユウトはキョトンとした表情をしています。ユウトは走ってテラスまで行き，砂場の方を見ると，「本当だ。咲いてた」と大きな声で言いました。

　砂場から，ほんの2，3歩の距離にある花壇です。シャベルで穴を掘っているときも，バケツで水を汲みに行った帰りにも，目の端に映っているはずです。けれども，そこに意識が向いていないと「見えない」ということが起こるのです。
　「漠然と見ている」ということもあります。あるのは何となくわかっているのですが，よくは見ていない状態です。

②よく見ることを意識する

　不審者から身を守ることを知らせるため，変装した男性保育者が保育室に乱入するという訓練を行った際，どのような格好だったかをたずねても，怖さで目をつむり見ていない子，黒い服を着ていたことだけしか覚えていない子ばかりでした。次に「よく見る」ことを告げて，もう一度同じように不審者に登場してもらうと，サングラスをかけていた，黒い服の胸に白い字で英語が書いてあった，ズボンのポケットに銀色の鎖が腰からたれて入っていたなど，よく観察して，話したり描いたりすることができました。

　このように，注意深く見ようと意識することで，視覚から実にさまざまな情報を引き出すことができるのです。

③観るということ

　「観る」という文字は「観賞する」という，さらによく見るという見方をするとき，あるいは，遠くを眺めるニュアンスがある場合に用います。人は，絵画や映画，人形劇などをじっくりと観て，何を伝えようとしているのかを感じ取ろうとします。また，作品が訴えかけてくることに心を澄ますと，呼応するかのように自分の思いがむくむくと湧き上がるのを感じることがあります。作品と「対話する」ということが起こるのです。

　このような対話が数多くできるよう，心の琴線にふれるような美しいもの，心を動かす作品などを，観る機会を豊富にもちたいものです。

❷視覚をひらく

　保育の場で子どもたちの視覚をひらくには，どのようなことに配慮すればよいのでしょうか。

　1つは，「ただ見る」だけでなく，見ることで感じたり考えたりすることです。そして，その思いを伝えあい，保育者や友達と共感することです。友達の言葉で，見えていなかったものがさらに見えてくることもあるのです。

Episode 2

虫めがね探検隊の4歳児

　「さあ，探検にでかけよう。アリさんになあれ。チチンプイ！」保育者がそ

う言って魔法をかけると，子どもたちはみるみる小さくしゃがんでいきます。アリの目で見ると，小さな石も巨大な岩に思えるから不思議です。「あ，ダンゴムシ，発見！」「ミミズ，発見！」あちこちから威勢のいい声が聞こえます。コウタが「先生，ほら，ミミズの赤ちゃん」と手にのせてきました。「本当，かわいいね」と保育者は応えましたが，側にいたマユは，「気持ち悪い」と言って体をこわばらせ，保育者の手をしっかり握ってきました。でも，目はしっかりミミズをとらえています。「虫めがねで見ると，太いところがピンクに光ってきれいだよ」というコウタの言葉に，マユも恐る恐る虫めがねを近づけます。そして，「ビー玉みたいに光っていた」と保育者を見てにっこりしました。

　このように，気持ち悪くて嫌だと思っていると，一人でミミズを見ることもできませんが，保育者や友達と一緒なら観察できる場合もあります。嫌い，怖い，とこちらが心を閉ざしていると，相手の世界は見えてきません。体をこわばらせる，保育者の手を握るという子どもの表現を受けとめながらも，おもしろいよ，きれいだよ，とその子には見えていない面を知らせたり見せたりすることで，その子の世界を広げられる可能性があるのです。この場面で，マユはミミズの存在を受け止め，「ビー玉みたいに光っていた」と肯定的に表現できるというように変化しています。つまり，視覚がひらかれたのです。

　２つめは，保育室の環境に変化があることです。１月にはコマや凧，獅子の飾りや干支のものなど季節感を出すとよいでしょう。また，子どもたちが共通のテーマでつくり足して達成感を味わえるような変化も重要です。１年中変わらない環境は，子どもにとってあってもなくても同じになりがちです。子どもたちは，コーナーのディスプレイが変わると敏感に反応します。「あれ？　何かが違う」と気づき，じっと見て何が変わったかを感じ取り，新鮮な気持ちになったり季節を感じたり，友達の努力や自分たちの力を知ったりすることができるのです。

　３つめは，きれいだな，不思議だな，おもしろいなという体験ができる場を用意することです。科学遊びや手品などは，よく見ていても不思議なことが起こります。そこで，「どうしてだろう」と心を動かして考え始めます。誕生会やパーティなどの集会の場で，子どもが興味・関心をもってじっくり見られる遊びを取り入れましょう。それが日頃の遊びにつながっていくこともよくあります。

　偶然の出来事や自然現象も，貴重な体験となります。虹が出たとき，夕焼けがきれいなとき，突然，雹（ひょう）が降ってきたときなど，活動中で

あっても誰かが気づいて声をあげたら，保育者も外に出て「本当だ」と目を輝かせ，「みんなも見てごらん」と，その現象を十分に味わわせたいものです。このような現象は，保育の計画に入れることができません。偶然のチャンスをうまくとらえて，子どもたちが心を動かす体験となるようにしましょう。

そして，その感動を表現できる場を設けます。さまざまな色や素材で描いたりつくったり，言葉や音楽で表したりと，見た感動をその子に適した方法で表すのを支えていくことが大切です。

第2節　聴覚（聞く・聴く）

❶聴覚のはたらき

①心地よい音・不快な音

目を閉じると，人は耳に頼って周りの状況を判断しようとします。鳥のさえずり，人の話し声，エアコンの音，車の音など，生活のなかには無数の音があります。人は，大きい音，小さい音，きれいな音，うるさい音，というように，心地よいかよくないか，以前と比べて聞こえ方はどうか，と耳で集めた情報を頭で処理しながら聞いています。

前節で，「見ようとしなければ見えない」ことについて述べましたが，耳も「聞こうとしなければ聞こえない」という性質をもっています。人はそれほど多くの音が聞こえなくても十分に生活できるので，必要なだけ聞こえるように調整されているのです。それは，ノイズが聞こえすぎると落ち着いて暮らせないので，自分の身を守るためでもあります。耳の聞こえにくい人は補聴器をつけることがありますが，補聴器は音を選ばずすべての音を大きく聞こえるようにするので，長く着けていると頭が痛くなるという人もいます。

川のせせらぎ，木の葉のふれあう音など，心地よい音もある反面，キーキーなるドアや椅子の足を引きずる音など，生活のなかには不快な音もあります。ある人にとっては楽しい音楽も，嫌な人にとっては耳を覆いたくなるような不快感を感じることもあるでしょう。聞きた

くなくても逃げられない状況では，暴力的な音というのも存在します。また，救急車や消防車のサイレンは，人を不安にさせるようにつくられています。すぐに気がつくことができ，緊急性を感じられる音になっているのです。

②保育の場における音と子ども

　保育の場で聞こえてくるのは，子どもたちの歓声，話し声，走る足音，積み木を積む音，崩す音，セロテープをちぎる音，ホッチキスを留める音，リズム遊びの音楽，絵本をめくる音，テーブルの上でトントンと紙をそろえる音など，これも無数にあります。園は集団で共に暮らす場ですから，周りの人々が不快になる音は出さないというマナーを身につけながら，大声で話したり奇声を発したりすると迷惑だと，人の立場にたって考えられる子どもに育てたいものです。

　人の声もよく聞くと，喜びに満ちているのか悲しんでいるのか，あるいは怒っているのかがわかります。声を聞いて相手の気持ちや思いを聞き分け，理解する力を育むことも重要です。誰の声か，知らない人であれば性別や年齢の見当をつけられるか，今どのような気持ちで話しているのかを想像力をはたらかせて考えるという経験ができるようにしましょう。目に見えないものを聞いて理解する体験が，子どもたちには必要です。

　次のエピソードは，保育者の気配を，全身を耳にして感じている子どもの姿です。

Episode 3　保育者を驚かそうと隠れる3歳児

　「折り紙のピアノができたら，見せてね」と言って，保育者は他の遊びの援助に向かいました。トオルとシンヤは折りあげましたが，保育者のもとに行きません。トオルは近くの本物のピアノを指差してにやりと笑い，2人は鍵盤の真下にもぐり込みました。そして，耳を澄まし，保育者の気配を感じ取ろうとしています。保育者の声が聞こえるとわくわくした表情で顔を見合わせ，足音が近づくと「来た！」と興奮して体を揺すっています。そして，保育者が近づいたのを見計らって「わっ！」と飛び出しました。「あ，びっくりした！　こんな所にいたの？」と，驚いた様子の保育者を見て，2人は嬉しそうに笑いました。

　この2人はじっと隠れていて，保育者が近づいたら急に飛び出して

驚かせようと企んでいます。保育者が近づいて今だというタイミングを計るために，全神経を耳に集中させています。保育者との距離を，耳で聞くことによって感じているのです。保育者が驚くことを期待し，その瞬間を心待ちにしていることがうかがえます。

　かくれんぼをするときも，鬼が探しに来ないかヒヤヒヤ，ワクワクしながら，音をさせないように気をつけて，鬼の声や足音に耳を澄ますでしょう。このような経験が，聴覚を敏感にするのに役立つのです。

③聴くということ

　「聴く」という文字は，音楽を聴くときなど，心を傾けてじっくり聴くときに用います。保育の場でも，美しい音楽や雨音や小鳥のさえずりなど，耳を澄ませてじっくり観賞し味わうという機会をもちたいものです。

❷聴覚をひらく

Episode 4

洗濯機の音に合わせて体を揺らす4歳児

　給食中に，ヨシキが箸をもったまま体を左右に大きく揺らしています。「何しているの？」と保育者が問うと，ゆっくり「洗濯機に誘われていたの」と言って動きを止め，何事もなかったかのようにまた食べはじめました。改めて耳を澄ませると，3歳未満児クラスの洗面所からウイーンウイーンという洗濯機の音が聞こえてきました。

　この子は食事中に，ふと洗濯機の音が耳に入り，そのゆっくりしたリズムを体で受け止め，誘われるように同化したのでしょう。友達が遊びに誘うように，洗濯機に誘われたとヨシキは感じています。好きな音楽に合わせて体を揺するように，耳に入った音を楽しみ洗濯機の音と一体になるという子どもの感性と表現のおもしろさを感じます。これも，生活の音を自分の世界に取り込んで遊ぶ姿の1つです。

　保育の場には，いつも活気がありますが，ときには静寂を経験させることも必要です。みんなが口を閉じて動きを止め，静かな空間をつくり出すのです。シーンとしたときに，どのような感じがするでしょう。また，かすかに聞こえる音は何でしょう。それぞれが感じたこと，

聞こえた音について話してみると，よく聞くということを意識するようになります。

また，話す声の大きさも，聞くことを通して調節できるようになってほしいことの1つです。ささやく声，1人に聞こえる声，グループで話し合うときの声，クラスのみんなに聞こえる声など，場にふさわしい大きさの声が出せるよう，友達の声を聞いて確かめながら，自分の声の出し方に気を配らせたいものです。

保育者が心がけたいことは，いつも気持ちを込めて語りかけるということです。言ったのに聞いていない方が悪いという姿勢ではなく，思わず耳を傾けたくなるような話し方を工夫すべきです。保育者の願いを込めた話にはさらに引力があり，子どもは自然と聞くようになるでしょう。

歌や楽器の演奏，音遊びなどは，まず，子どもがやりたくなることが前提です。自分の耳で聞いて素敵だなと感じたら，歌ってみたくなるし，鳴らしてみたくなります。楽しい音の経験は豊かな表現につながります。みんなで1つの表現に練り上げていくオペレッタや合奏も，力を合わせてつくりあげる経験になりますが，特定の技能を身につけさせるための偏った指導にならないよう気をつけなければなりません。「させる表現」ではなく，自分から何度も「したくなる表現」を支えることが大切です。

このように，幼少期から豊かな聞く体験を積み重ねていくことで，自分の好きな音のある生活をつくり出す基礎が養われ，さらに，人と共に生きていく上で大切な情報と想像する力を得ることができるのです。

第3節 嗅覚（嗅ぐ・香る）

❶においの影響

嗅覚は，記憶と結びつきやすい感覚です。炭火や焚き火などのにおいを嗅ぐと，昔懐かしい感情が湧いてきたり，懐かしい風景が思い出

されたりします。においは，それを嗅いだときの記憶をよみがえらせるのです。

　嗅覚は，身を守る役目も果たしています。焦げ臭いにおいを感じると，何かが燃えている，火事だ，と感じて，すぐに火を消さなければ，逃げなければ，と行動に移せるようになっています。また，日が経った食品がまだ食べられるかどうかを判断する場合，においを嗅ぐことが多いでしょう。食品の腐ったにおいを感じると，食べたら危険だと体が反応するのです。

　花の香りやおいしそうな料理のにおいに，人は興味を抱きます。香りによって体がほぐれたり，幸せな気分になったりするので，アロマテラピーにも利用されています。鼻がつまっていると，食事がいつもほどおいしく感じられないという体験をした人は多いでしょう。においは食欲を引き出したり，食事をよりおいしく感じさせたりするのです。

　このように，私たちの生活に先導的な役目を果たす嗅覚ですが，鈍い一面もあります。鼻が曲がるほど臭いトイレにいても，10分もすれば慣れて感じなくなるでしょう。これも，生きるために身体に備わった機能です。そうでなければ，生活範囲が極端に狭くなってしまうからです。

　香水やオーデコロンもいろいろな種類が販売されています。柑橘系，フローラル系，ミント系など，場面や気分で香りを替えて楽しむという生活スタイルは，豊かな気分を味わえますし，気分転換にもなるでしょう。癒しのためのお香もブームになっています。香りを生活に取り入れて積極的に楽しむという土台を，幼児期からつくっておきたいものです。

写真5-1　この花はどんな香りかな

第5章　諸感覚を通しての感性と表現

❷嗅覚をひらく

　乳幼児期には，においを嗅ぐ体験を増やし，このにおいは○○だ，と判断するためのデータを増やすことが大切です。特に，自然の香りはふんだんに経験させたいものです。野菜，木，葉，草，木の実，キノコ，土，ニンニク，温泉，アンモニア臭，ショウノウ臭など，生活のなかにあるにおいは，機会をとらえて意識的に体験させることが必要です。

　最近は，指先でこするとにおいがするシールや絵本などもありますが，子どもたちにとっては合成ではない自然の香りが，そのときの映像や気持ちを最も鮮明に記憶させます。キンモクセイの香りを「うちのトイレのにおい」，ミントの香りを「歯磨き粉だよ」というのも子どもの表現ですが，本物の香りを先に経験してほしいものです。

Episode 5

ゴールデンカップと出会った4歳児

　散歩に出かけると，いつも声を掛けてくれるおじいちゃんがいます。庭づくりが趣味で，きれいな花や果実を見せてくれます。「昨晩，これが咲いたよ」と，もってきてくれたのが，丼のようなオフホワイトの大輪。「ゴールデンカップという名前だよ」「カステラのにおいがするよ」。子どもたちは興味津々で，肩をぶつけ合いながら，花に鼻を近づけます。「ほんとだ，甘い！」「カステラだ」「アイスクリームにも似てる」「食べたくなっちゃった」など，子どもたちはそれぞれ思ったことを口にしながら花の香りを味わいました。

　子どもたちにいろいろな香りを経験させるのはもちろんですが，そのとき，どのような感じだったか，どのような気持ちになったかを言葉にして表現する場面をつくるとよいでしょう。友達の発言を聞いて，確かにそんな感じだったと共感することができたら，共にした体験として心もつながります。また，違う感想を述べた場合には，○○ちゃんはそんな風に感じたんだ，と自分とは違う感じ方に気づくことができるでしょう。

　また，変なにおいがすると気づいたら放っておかず，友達や保育者に伝える態度も養っておかなければなりません。現在では，食品の異

臭や変質も大きな問題になっています。色はどうか，糸を引いていないかなど，大人と一緒に確かめることにより，これは大丈夫と確認できたり，一大事を食い止めたりすることができます。このような力は，問題を処理する行動力にもつながるでしょう。

春のやわらかい風の香り，海の潮の香り，季節の花々の香りなど，思い出の香りを保存しておくことができたらどんなにいいでしょう。けれども，写真や録音テープ，ビデオ映像で残せるのは形や音のみで，においは残せません。ですから，チャンスを逃さず経験させることが必要です。花粉症や鼻炎，アレルギーといった現代病も心配される世の中ですが，できるだけ積極的ににおいを感じるということを保育のなかに取り入れようとする保育者の姿勢が求められるのです。

第4節　味覚（味わう）

❶舌のはたらき

食べることが大好きで，給食を食べるために園に来るような子どももいれば，小食で困る，野菜を一切食べない，という親の悩みも聞かれるように，食べること自体が苦痛になってしまっている子どももいます。この違いは何でしょうか。

食べるためには，まず食べ物が舌の上を通過しなければなりません。口のなかに入れて舌で味を確かめ，おいしいと感じるとまた食べようと思えますが，まずいと感じると，子どもは口に入れることを拒否してしまいます。

味には，甘味・塩味・酸味・苦味・旨味という「五原味」があります。甘味・塩味・旨味の3つは本能的においしいと感じる味です。食品の化学物質は，口のなかで唾液に溶けて，舌の味蕾（みらい）という味細胞へ届きます。それが電気信号に変換されて大脳へ送られ，扁桃体というところで過去の味覚の記憶と比較し，食べたことがあると快，食べたことがないと不快というようにおおよそ分類されます。本来，渋味や辛味，えぐ味は嫌な味ですが，繰り返し経験すると食べられるように

第5章　諸感覚を通しての感性と表現

なります。子どもの頃には嫌いでも、大人になってから好まれるフキノトウやミョウガは、繰り返し食べたことで分類のされ方が不快から快に変わったといえるでしょう。

　無理やり食べさせられたもの、嫌な思いをして食べたものは嫌いなものとしてインプットされてしまうので、乳幼児期には嫌なものを無理やり食べさせないことが基本です。けれども、多くは食べられなくても少しずつは口にして、いろいろな味があることを感じられるようにする必要があります。舌のセンサーを敏感にするため、さまざまな味を経験させることが大切なのです。嫌いだからと食卓にのせないのではなく、いつかはきっとこのおいしさがわかる日がやってくる、と願いを込めて置きたいものです。

❷食育の推進

　現代では個食や孤食[1]、ファストフード、食品の安全性など、さまざまな食の問題があり、朝ごはんを食べずに登園する子どももいるのが現状です。親にも食の大切さを知らせ、食生活を見直してもらうことが必要ですが、子どもたち自身にも食に対する意識を育てることが急務です。

　2007年に制定された食育基本法[2]では、子どもたちが食に関心をもつこと、自分の健康管理が自分でできる能力を身につけることなどの重要性が示されています。栄養バランスを考えて食べ物を選ぶ、自分の体がどのような状態なのかを知る、自分の食べているものを知る、ということが徐々にできるようになってほしいと願います。そのためには、幼い頃から、身近な人による日々の働きかけが不可欠です。食事をしながら野菜の産地のことを話題にしたり、栄養のことを話したりすることで、それらの能力が育まれていくからです。保育者には、家庭との連携を図りながら食育を進めていこうとする姿勢が必要でしょう。

❸味覚をひらく

　この世の中に自分の好きな味が増えるということは、とても幸せなことです。自分がおいしいと思えるものを増やし、受け入れられる食べ物を増やすと、それだけ自分の世界が豊かになるのです。また、味

➡1　個食・孤食
「個食」とは、家族と共にではなく個別にとる食事のこと。
「孤食」は、一人で食べることを決定されてしまっている孤独な食事のこと。

➡2　食育基本法の前文では、食育を「生きる上の基本であって知育、徳育、及び体育の基礎となるべきもの」と位置づけ、さまざまな経験を通じて「食」に関する知識と「食」を選択する力を習得し、健全な食生活を実践することができる人間を育てる食育の推進が求められている、としています。

に敏感になり，味の違いがわかるようになると，さらに楽しみが増すでしょう。

　自分たちで育てた野菜を食べる経験を通して，苦手だった野菜が食べられるようになる子どももいます。

Episode 6

苦手なプチトマトを食べてみる5歳児

　「先生，アミちゃんのプチトマト，できていたよ」。マキの声に振り向くと，アミがマキの隣で複雑な表情をしています。アミの右手にはピンポン玉ほどの大きさの赤く色づいたプチトマトがのっています。保育者が「わあ，真っ赤だね。おいしそう」と言うと，「うん，でも，プチトマトは好きじゃないの」と，アミは下を向いて言いました。「大丈夫，私が食べてあげるから」とマキが横から言います。「でも，これはスーパーにあるような，アミちゃんの知っているプチトマトの味じゃないよ。アミちゃんが育てたプチトマトなんだからね」と保育者が言うと，アミは不思議そうな顔をしています。テラスの水道で洗うと，アミはゆっくり口へ運びました。そして次の瞬間，アミはパッと顔を輝かせ，「私のプチトマト，甘くておいしい！」と叫びました。

　アミは，自分の苦手なプチトマトをどのような思いで育てていたのでしょう。植えてからしばらくは，芽が出たこと，葉が増えていくことが楽しいようで喜んでいましたが，実がついてくると，トマトらしい香りと形に，自分は食べられるのかと不安を感じていたようです。けれども，「でも，これはスーパーにあるような，アミちゃんの知っているプチトマトの味じゃないよ。アミちゃんが育てたプチトマトなんだからね」という保育者の言葉で，手のなかにあるプチトマトは彼女にとって「未知の物」となり，「自分が育てたもの」という面がクローズアップされてきました。そして，自分からプチトマトを口に入れることができました。すると，すっぱくてまずいと思っていたプチトマトが甘く感じられ，「甘くておいしい！」と叫ぶという表現ができたのです。彼女の世界が1つ広がった瞬間でしょう。

　食べ物の味は，場の雰囲気や自分の受け止める構えによってもずいぶん変わってきます。ですから，楽しい雰囲気のなかで，おいしいねと共感しながら楽しく食事ができるような配慮が求められます。

　ファストフードばかりの食生活や，何にでもマヨネーズをつけて食べる食べ方，化学調味料の味しかしない料理ばかりでは，舌のセンサ

ーは育ちません。野菜本来の味が味わえるように，また，昆布や鰹節などのだしのおいしさが感じられるようにしたいものです。

　そのために，いろいろな味をほんの少しだけ味わうという活動を取り入れるといいでしょう。ほうれん草のおひたしも，ゆでたものと蒸したものを食べ比べてみると，その違いがわかります。さらに，初めは何もつけずに，次に，しょうゆ，ゴマダレ，ポン酢，油いためなど，味つけの変えたものを味わいます。同じ野菜でもその味の変化に驚くことでしょう。味つけを変えれば食べられることも多いものです。自分はどのような味が好みなのか，自分の傾向を知ることも大切です。

　また，「空腹にまさる薬なし」といわれるように，おいしく食事をいただくためには，おなかをすかせておくことが一番です。空腹のときには味覚も敏感になっているので，味わうには絶好の環境づくりといえるでしょう。

第5節　触覚（さわる・ふれる）

❶手ざわり，肌ざわり

　子どもたちは園生活のなかでさまざまなものとかかわり，さまざまなものにふれ，その感触を味わっています。多くの子どもが好むのは，サラサラ，ヌルヌル，トロトロ，ベトベトした感触です。砂や赤土に水を入れ，丁寧に混ぜながら水の量を増やしていくと，カチカチがベトベトになり，ヌルヌルになって，シャワシャワになっていく変化が味わえます。

　気持ちがいいものにさわっていると，子どもは心も体も解放されていきます。そして，同じ遊びをしている子どもたちに共通する心地よさや解放感が，子どもたちに同じ体験の共有者という仲間意識をもたらします。

　人が物にさわろうとするのは，感触を味わうためだけではありません。犬や猫をなでるのは親しみの気持ちを込めてすることです。また，さわって物の表面を確かめたり重さを計ったりする場合もありますし，

写真5-2 おだんご固くなってきたね

動かしやすさや安定感，握り具合，座り具合など，自分との関係を調整しようとしている場合もあります。

また，人は手だけではなく頬でも，なでるような風や肌を刺すような寒い風を感じています。肌は，温度や乾燥具合も敏感にキャッチできるセンサーといえるでしょう。

❷触覚をひらく

自分の手や足でふれて確かめて実感するという経験が多いほど，子どもの触覚はひらかれていきます。砂・泥・粘土・石・水・氷・やわらかい葉・チクチクの葉・ツルツルやザラザラの木肌などの自然物や，絵の具・冬の鉄棒・コンクリート・さまざまな紙や布などの人工物に直接さわる機会を多くもちたいものです。

また，1年中裸足で過ごしている園もありますが，足の裏の感覚を研ぎ澄ます経験も，ぜひさせたいことの1つです。危険物を取り除くという保育者の配慮のもと，夏が近づいた頃，フローリング，コンクリート，土，草地の感触を足の裏で味わわせます。そのまま水遊びや泥遊びにつなげることもできるでしょう。しっかりと自分の足で大地を踏みしめる爽快感が味わえるはずです。

指先を使って物にさわったり形をゆがめたりしていると，何かつくりたくなってきます。粘土や紙にかかわり，つくることに夢中になっている子どもたちの姿からもわかるでしょう。可塑性のある素材を使える環境が，子どもたちには必要です。さわってつくり出すことは，創造性を育むことにもつながるからです。

生き物にふれるのも大切な経験です。ウサギを抱くと体温を感じま

➡3　可塑性
　変形しやすい性質。外力を取り去っても歪みが残り変形する性質。

す。これは，命を感じる原体験にもなるでしょう。また，友達と手を
つなぐ，背中を合わせる，背中に指で文字を書くなどの活動も取り入
れたいものです。相手にふれることで相手との距離が近くなり，親し
みを感じられるようになります。ふれる，ふれられるという経験が人
とのコミュニケーションをスムーズにするのです。

　さらに，散歩に出かけたとき，荘厳な教会のなかを見せてもらった
り，お寺や神社に立ち寄ったりして，張り詰めた緊張感や肌に伝わっ
てくる空気を感じることも貴重な経験になります。

　このように，多様な感触を味わうことによって触覚はさらに敏感に
なり，多くの情報をもたらすとともに豊かな表現を導くでしょう。

さらに学びたい人のために

- 石倉卓子『感じる力を育む保育環境』明治図書，2008年
　水，土，石，草花，風，光などの自然との遊び方，かかわり方から，それを通
して経験していることや育つものまで，豊富なイラストとともにわかりやすく
述べられています。
- 斎藤孝・山下柚実『「五感力」を育てる』中央公論新社，2002年
　五感喪失時代の背景を読み解き，子どもたちの身体を救うための10のメソッド
を紹介しています。
- 片岡徳雄『子どもの感性を育む』日本放送出版協会，1990年
　日本が本当に豊かな社会になるための感性や情操のはたらきはどのようなもの
かを考えながら，現場でのさまざまな試みが学べます。

演 習 問 題

1. 手のひらで今までさわったことのない物にさわってみましょう。そして，自分
の手のひらは何をどのように感じたかをノートに記録し，その変化に気づいて
ください。
2. 子どもが遊んでいる姿を観察し，どの感覚を使って何を感じているのか，どの
ような思いをどのような方法（表情・動き・言葉など）で表現しているのかを
考えてみましょう。

第6章

生命に対する感性と表現

　多くの保育所や幼稚園で，ウサギ，ニワトリ，カメ，小鳥，金魚など，実にさまざまな小動物を飼育しています。それは，子どもたちが生活する環境として必要だから，小動物を飼うことによって子どもたちに育んでほしいものがあるから，意図的に飼っているわけです。

　飼育小屋や飼育ケースに入っていなくても，子どもたちの周りには多くの生き物が生息しています。もちろん，木や草花などの植物も生きていますし，花の周りを飛ぶチョウやミツバチ，植木鉢を動かすとダンゴムシやハサミムシやミミズたちもいます。私たちは意識するしないにかかわらず，すでに多くの生物たちと共に暮らしているのです。

　けれども，一部の人間のなかには自分たちが一番偉いと思い込み，他の生き物たちを傷つける行為を平気でしている者もいます。命は尊いものです。どんなに偉い人でも命は1人に1つしかありません。「一寸の虫にも五分の魂」といわれるように，小さな虫でも与えられた命を精一杯生きています。

　自分の命を大切にするように，友達の命も，見知らぬ人の命も，小さな動植物の命も大切にできる人に育ってほしいと願います。そして，その思いを周りの人々に，また世界中に向けて表現できなければなりません。そのために，幼児期に経験しておかなければならないことについて，共に考えていきましょう。

ウサギの
ウサコ 死んじゃったね…
なんで
死んだの?
たくさん
年をとったからね
ウサコ

たくさん
年をとると
死んじゃうの?
先生は?
優しい感性
育ってるねー
先生
何歳
?
だめ
大丈夫よ
まだ若い
から…

第1節 生きているということ

　私たちは，今，生きています。生きているからこそ，本を読んだり，散歩をしたり，友達と話をしたりできるのです。何と素晴らしいことでしょう。今，生まれてまだ数年しか経っていないという子ども時代を過ごしている人も，85歳を超えた老年期を過ごしている人もいます。生きていると嫌なこともたくさんありますが，楽しいことや嬉しいことも数多くあります。辛いことや悲しいことがある分，小さな喜びも，より嬉しく感じられるのでしょう。明日はどのようなことに出会えるだろう，どのような楽しいことがあるだろうと考えると，期待に胸がふくらみます。生きているということは，それだけでもとても素敵なことなのです。

　けれども，人は永遠に生きることはできません。不老不死を願ってさまざまな研究がなされていますが，いつかは誰にでも必ず死が訪れます。限りある命だからこそ，毎日を大切にし，生きている今を輝かせようと思うことができるのでしょう。

　私たちは，気がついたときから生きています。「さあ，生きることを始めよう」と意識して生き始めた人は一人もいません。生きることを選んだわけでもないのに，気がついたら生きていたのです。ですから「生きている」ということを意識するのは難しいことです。さらに，「死」についても，実感をもっている子どもは少ないでしょう。

　身近な祖父母が亡くなったり，飼っていた犬が死んだりした経験があると，死ぬと動かなくなってしまう，呼びかけにも応えてくれない，体が冷たくなっていく，もう側にいてくれない，ということを一つひとつ感じていきます。周りの人々がひどく泣いて悲しむということも目の当たりにします。そして，これが「死」ということなのかと徐々に理解していくようになるのです。

　今，病気と闘っている人がいます。生まれつき障害をもって生まれてくる人がいます。事故に遭う人もいます。私たちも明日生きているという保証はありません。ですから，命を授かったことに感謝しながら，限りある命を精一杯生きるということ，納得のいく自分の人生を歩もうとする姿勢を，子どもたちに育てていく必要があるでしょう。

第2節 生き物とかかわる

❶虫とのかかわり

Episode 1

アリがこわかった3歳児

　保育室の床を1匹のアリが行ったり来たりしながら歩いています。それを見つけたカナは「こわい！」と叫びました。ちょうど，正義の味方になっていたタツヤは，カナのために，アリを踏みつけようとしました。「あー！」と思わず保育者が声を出すと，2人は振り向きました。「アリさんは，もも組が楽しそうだから，遊びに来たのかな」。保育者がアリを手に乗せ，「くすぐったいけど，かわいいね」と言うと，タツヤも「かわいい」と指でさわり始めました。カナは，手を後ろに引っ込めてはいるものの，じっとアリを見つめています。「アリさん，お母さんが心配するから，そろそろ帰ったほうがいいよ」と保育者は，土の上にアリを放しました。ついて来た2人は「バイバーイ，アリさん」「また遊びに来ていいからね」と声を掛けて手を振りました。

　この場面では，はじめはアリを「恐怖の対象」ととらえていたカナが，保育者や友達がそれとかかわる様子を見ているうちに，「こわいものじゃないんだ」，「さわっても大丈夫なんだ」，「アリにもお母さんがいるのかな」など，さまざまに思いをめぐらし，「バイバーイ，アリさん」と友達に声をかけるようにかかわる姿へと変容していく様子が読み取れます。

　知らないもの，見たことがないもの，わけのわからないものは，自分が不安になるために恐怖の対象となりがちです。家族が嫌なものとして扱っているものには，子どもも親しみを感じることができません。けれども，相手を知ったりかかわったりすることで，大丈夫なんだ，こわくないんだと安心できるようになります。ありのままのその子の表現を受け止めつつ，嫌なものではないんだよ，という表現を保育者が見せることにより，子どももその対象を受け入れられるようにな

っていきます。

　このような偶然の機会をとらえて虫とかかわる経験をする一方で，指導計画に入れることのできるかかわりもあります。ダンゴムシやカタツムリ，ミミズなど，生息している場所や活動時期がだいたいわかっている場合は，そろそろ興味をもつだろうなという頃に意図的に指導計画に入れることもできます。発見することが嬉しい時期，捕まえることが楽しい時期，さわりながら虫の動きを楽しむ時期，体の仕組みや生態について知りたい時期，名前をつけてかわいがる時期など，子どもによって，かかわる段階によって，いろいろな時期があります。今，この子はどういうかかわりを求めているのかを察知して，それが十分に経験できるようにする必要があるでしょう。観察ケースや虫めがねを用意して生き物の様子がよく見られるようにしたり，図鑑を近くに置き，いつでも調べられるようにしたりと環境を整えたいものです。

　また他にも，トンボ，アメンボ，バッタ，カマキリ，ハサミムシ，テントウムシなど，さまざまな虫とかかわり，虫にもいろいろな種類があること，それぞれが種特有の生態をもっているということ，地球で共に生きている仲間だということを感じ取り，かかわりのなかで自分の思いや考えが表現できるようにしましょう。

❷飼育動物とのかかわり

　園で飼っている動物がいるということは，そこに行けばいつでもその動物に会えるということです。子どもたちにとって，園をすみかとして生活している動物には，ペットショップにいる動物とは違う特別

写真6-1　ニワトリさん，食べてごらん

の意味があります。自分が入園する前からいる動物たちは，園での先輩であり，毎日園で共に生活する「園の仲間」であり，その園を構成する重要なメンバーなのです。

　園で暮らしている動物は，自分たちが世話を怠ると生きていけないという側面もあります。今日は遊ぶのが忙しいから動物の世話はしない，とするとどうでしょう。動物は餌を食べなくては生きられませんし，掃除をしたり水を替えたりして環境を整えてやらないと，病気になったり死んでしまったりするのです。動物を飼うことには，責任が伴います。「命を守る」という義務があるのです。

Episode 2　ウサギの心臓の鼓動を感じる5歳児

　5歳児のミカはウサギが好きで，毎日進んで世話をしています。「小屋のそうじが終わりましたよ。さあ，入りなさーい」と元気に声をかけたミカ。ウサギたちをサークルから出して小屋に入れようとすると，やんちゃなウースケがピョンと飛び出し，花壇の植え込みに入り込んでしまいました。「あー，お花が折れちゃうじゃない」，「ウースケ，おいで！」。ミカは花壇の前にかがみこみ，格闘の末，ウースケを引っ張り出しました。「もう，いたずらなんだから」。母親が小さな子どもに言うようにつぶやくと，ウースケを優しく抱きかかえました。「ウースケの心臓，ドキドキしてる！」。ミカは頬をウースケの背中にあてると，じっとウースケの心臓の鼓動を感じています。「ウースケの心臓，元気だね」。ミカは目を閉じてウースケの鼓動のリズムに聞き入っていました。

　ウースケが生きていることは当たり前のことで，心臓が動いていることなど，日頃は意識にものぼりません。けれどもこの日，ミカは暴れたウースケを抱きかかえたことで，心臓の鼓動を肌で感じ，生命の存在を実感しています。ウースケをじっと抱き続ける姿から，ウースケに対するいとおしさ，愛情も同時に増しているでしょう。

　食べたり排泄したり眠ったり遊んだり，飼育動物たちも人間と同じように生活しています。自分との共通点を多く見つけることで親しみが湧き，人間も動物の仲間なのだと感じられるでしょう。

　一方，園で飼われている動物にとっては，迷惑なこともあります。子どもたちの前にさらされることで，耳を引っ張られたり，下手な抱き方をされて苦しかったりすることもあるでしょう。快適とはいえないかかわり方をされて，ときにはストレスで病気になる場合もありま

す。ときには動物側の立場で,「それじゃ, ウサギさん, 痛いよ」,「おしりの下を優しく支えてあげてね」と動物が不快でないかかわり方を知らせていくことが必要です。

　入園当初, ウサギの絵というと, 耳がピンと立ったキャラクターのような絵を描いていた子どもたちも, 生活のなかで自然にウサギとふれあううちに, 爪やひげがあることに気づき, ウサギらしい形を描くようになります。ウサギはこのように描くのよ, と指導したわけではありません。輪郭線もふわふわの毛の表現も, 子どもたちが肌で感じながら自分の表現を変えていくのです。それだけウサギに関心をもち, かかわることで親しみを感じ, 本物のウサギの姿や暮らしを知り得たということでしょう。

　本物の動物とふれあえるというのは, 現代の子どもたちにとって貴重な体験です。園で飼育するにはどのような動物が適当か, 目の前の子どもたちにとって育ちにつながるのはどのような経験かということを, 動物たちとのふれあいのなかで常に考えていきましょう。

第3節　植物とかかわる

❶木や草花とふれあう

　子どもの暮らす園環境には, 意図的に花壇が配置され, 季節ごとにいろいろな花が咲くように計画されています。それは, 子どもたちに季節を感じてほしいという目的と, 花のある生活の心地よさ, つぼみをもったときのワクワク感と咲いたときの嬉しさなど, 味わってほしいことがたくさんあるからです。

　花は美しいものですが, 造花のように1年中同じ姿でいるわけではありません。種から芽が出て, 花が咲いて散って, また種ができるという草花の生命のサイクルも感じてほしいことの1つです。その生長のためには, 土や水や太陽の光が必要であることも, 草花の世話をする保育者や年上の子どもたちの姿を見ながら気づいていくでしょう。

　子どもたちは園の植物を遊びによく使っています。砂のケーキの上

に葉っぱで飾りをつけたり、小枝を立ててローソクにしたりしています。それも身近なものを使った、子どもたちなりの表現です。

次のエピソードは、遊びのなかで花の生命について気づいた場面です。

Episode 3

生きている朝顔を取って注意された4歳児

子どもたちがビニール袋に水を少し入れて、ピンクや紫の朝顔の花びらを入れてもんでいます。色あざやかな色水を見て、やりたくなった4歳児マイは、花壇から大きなピンクの大輪の朝顔を摘みました。それを見た5歳児ミキは、「あ、それは取っちゃダメ！」と大きな声で言いました。マイは驚いて立ちすくんでいます。ミキは「あのね、咲いているのは生きているの。色水はしぼんだのとか落ちている花びらとかを使うのよ」と優しく言いました。マイは黙ってこっくりとうなずきました。

ここでは5歳児が年下の子どもに花の生命について知らせています。色水遊びをしてもいいけれど、取ってもいい花びらといけない花びらがあるということ、生きている花びらは取ってはいけないことを伝えています。色水遊びがしたくなったマイには、はじめ、どの朝顔も同じ「色水の素材」として見えていたのでしょう。けれどもミキの言葉で、自分が今取った朝顔は生きていたということ、命があったということに気づいたのです。そして、この場にある朝顔には「生きている朝顔」と「生きていない朝顔」があること、言い換えれば、「色水の素材としてもいい花びら」と「色水の素材にしてはいけない花びら」があることを学んだといえるでしょう。

美しく咲いている花も、必ず枯れて落ちるときが来ます。それが自然で正しいサイクルです。花は散るものだから、咲いている瞬間がより美しく感じられるのでしょう。子どもたちには、花の命の存在を感じ、咲いているものは精一杯咲かせてやりたい、花の命を全うさせてやりたい、と思う心を育てたいものです。

❷花や野菜を育てる

保育者が植えて世話をした草花を見るだけではなく、子ども自身が

写真6-2　サツマイモのつるは長いなあ！

　種を植えたり育てたりする経験も必要です。保育者が花に水をやっていることに興味をもったら，じょうろに水を汲んで一緒にかけてあげようと誘いましょう。しおれていた花が水をやると元気にピンと葉を伸ばす様子は，子どもに「生きていること」を実感させるでしょう。

　種をまいて，それが芽を出し茎を伸ばしていく様子も，子どもたちに見せたいことの1つです。ゴマのような小さな粒のどこにそんな力が秘められているのでしょうか。伸びて生長していく姿は，魔法のようです。命の存在を意識し，また，自分たちの少しずつ背が伸びて体重が増え大きくなっていく姿に重ね合わせることができるでしょう。

　冬には保育室で，クロッカスやヒヤシンスの水栽培がよく行われます。花は土の上に咲くものと思っている子どもたちには驚きの出来事です。白い根がグングン伸びてひげのようになる様子は，普段見ることのできない根の存在を知らしめてくれます。

　野菜を育ててそれを収穫し，自分たちで料理をして食べることも大事な経験です。野菜はスーパーにあるものと信じている子どももいるかもしれません。土と水と太陽の光と人の手によって，じっくり育てられるものであることを知り，食べ物を大切にする気持ちがもてるようにしたいものです。

第4節　命をいただくということ

　私たちは毎日，食事をしています。それは，他の命をいただいてい

ることに他なりません。野菜の命，魚の命，ウシやブタやニワトリやその他の動物の命をいただいているから，私たちは生きていられるのです。

「いただきます」という挨拶の言葉には，自然の恵みと食べ物ができるまでにかかわるすべての人に対する感謝の気持ちが込められています。自分のために料理をしてくれた人，野菜をつくった人，魚を獲った人，流通にかかわった人，そして，食べ物となった命たち，みんなに感謝しながら食事ができるようにしましょう。

注意しなければならないのは，動物の生命をいただいていることを強調しすぎると，ショックを受けたり罪悪感をもったりする場合があるということです。園でかわいがっているニワトリと同じ仲間を，チキンナゲットとして食べていること，牧場や動物園で見た親しみのある動物を殺し，肉料理として食べていることに気づくと，のどを通らなくなる子どももいます。生命は尊いもの，生命を大切にしようと一方で言っていても，他の生命を食べることなしには生きてはいけないのが現実です。この大きな矛盾を自分のなかでどう折り合いをつけていくかが肝心です。幼児期にはまだ難しい問題なので，あまり残酷な表現にならないように，保育者は配慮する必要があるでしょう。

第5節 死をみつめる

❶動物の死

以前，カブトムシと遊んでいた男の子が，動かなくなったカブトムシを見て，「ママ，カブトムシの電池が切れたから，取り替えて」と言ったことが話題になりました。おもちゃと生き物の区別がつかない子どもたちに，どのように命というものを伝えていけばよいのかと，保育者たちは頭を抱えました。

園生活のなかで，子どもたちはどのように死と対面しているのでしょうか。

第6章 生命に対する感性と表現

Episode 4

チャボの死を受け入れる

　最近，年を取って元気がなくなったチャボのピーコ。以前は毎朝のように卵を産んで子どもたちの歓声を浴びていましたが，この頃は，サークルに出しても座ったきりでした。夜はダンボール箱に電球を入れて休ませましたが，ある朝，とうとう動かなくなっていました。「大変！　ピーコが死んでる！」。チャボ係のエリが大声で叫んでやってきました。聞きつけた子どもたちは遊びをやめ，鶏小屋へ駆けつけ，横たわったピーコをじっと見つめます。「ピーコはおばあさんになっちゃったんだね」。保育者がピーコの体をなでると，エリや他の子どもたちも泣きながらピーコをなで始めました。「冷たくなってる」「全然動かない」。なでる順番を交代するときに，子どもたちはささやきました。ユリナがシロツメクサを摘んで来て，ピーコの胸に飾りました。それを見た子どもたちも，花を摘んできてはピーコの箱に入れました。

　子どもたちと相談し，その日の午後，桜の木の下にピーコを埋めました。黙って手を合わせる子，「ピーコの卵でつくったホットケーキ，おいしかったよ」，「はじめはつつかれるかと思って怖かったけど，ピーコはかわいかったよ」と声をかける子。それぞれにピーコとの別れを惜しんでいました。

　この日まで，あまりピーコとかかわっていなかった子どもたちも，ピーコが死んだという突然の出来事に驚いているようでした。今まで当たり前にいたものが，急にいなくなるという事実が衝撃だったのでしょう。それぞれが，生きていた頃のピーコの姿を思い浮かべ，つつかれたり抱っこしたりした経験を思い出していました。

　この場面では，子どもたちがそれぞれの仕方でピーコの死を受け入れ，自分の思いを表現しています。ピーコの亡がらを優しくなでる子，花をたむけたいと考え実行した子，言葉で自分の気持ちを語りかける子，それぞれにピーコに対する思いを表しています。ピーコの死に接し，子どもたちは自分たちの力ではどうにもならない何かおごそかなものを感じたに違いありません。

❷身近な人の死

　父親，母親，兄弟，姉妹，祖父，祖母など，身近な人と死によって別れるのは，とても悲しくて辛いことです。血縁でなくても，友人，知人，近所の方，いつも利用している店の人など，かかわりをもった

人が亡くなる寂しさは言葉になりません。心にぽっかり穴が空いたような喪失感に襲われます。子どもたちは，身近な人の死をどのように受け止めているのでしょうか。

　私が小学校低学年の頃，祖母が倒れました。周りの人はオロオロし，悲しみました。けれども，私は悲しくありませんでした。祖母は死なないと信じていたからです。私の祖母が死ぬわけがない，私の祖母は特別な人なのだから，と思っていたのです。けれども翌日，祖母は息を引き取りました。私はとても驚きました。そして，死に対して特別な人はいないのだ，誰でもいつかは死を迎えるときがくるのだということを，やっと悟ったのです。

　人の死を実感することを，急ぐ必要はありません。誰にでもいつかは必ずその日が訪れます。そのときに，きちんと死と向き合って，それを乗り越えてしっかりと生きていけるような心を養っておくことが必要です。

Episode 5

お空の園長先生を想う3歳児

　私が訪問した幼稚園のテラスで子どもたちの遊びを見ていると，サエがトコトコと寄ってきて「どうしてここにいるの？」とたずねました。「遊びに来たの。園長先生のお友達なの」と答えると，「タニ園長先生？」と問うので，「そう」とうなずくと，「モリ園長先生は？」と問われ，ドキッとしました。モリ先生は3か月前に亡くなられたのです。私は「モリ先生にはお会いしたことないの」と言うと，サエは「ふーん，お空の園長先生は，幼稚園の歌が好きなんだよ」と空を見上げました。

　前任の園長が亡くなられたことをお聞きし，新園長から研修を依頼されて出かけた園でした。新しい体制になったのだから前園長を話題にすることは控えなければ，と思っていました。ところが，子どもたちの心には，いつも自分たちを見守ってくれる「お空の園長先生」として生き続けていたのです。サエは「お空の園長先生は，幼稚園の歌が好きなんだよ」と言いました。「好きだったんだよ」という過去形ではありません。きっと，クラスで歌う場面でも，「お空の園長先生に聞かせてあげよう」という保育者の言葉かけがあるのでしょう。お空の園長先生は過去の人ではなく，今も子どもたちの心のなかに歴然

と生きているのです。

　大好きな園長先生がある日突然いなくなり，門で「おはようございます」と声をかけてくれなくなって，子どもたちは戸惑ったにちがいありません。どうしていなくなったのか，死ぬって何なのか，なぜ先生方が泣いているのか，なぜ自分も悲しくなるのか，そういう時期を越えて，3か月たった今，「園長先生はお空に行ったんだ」とサエは自分なりに理解し，心のなかに位置づけ，初めて会った見知らぬ人にもためらうことなく自然に伝えることができるようになったのです。

　人は，出会いと別れを繰り返して生きていきます。死は二度とこの世では会えない別れですが，その人と出会えたことに感謝し，その人から学んだことや思い出を大事に心に残しておくと，目を閉じればいつでも会うことができるように思えます。私たちも限りある命を精一杯生き，自分が死を迎えるとき，出会うことのできた人々に感謝しながら，悔いのない人生だったと思って永遠の眠りにつくことができたら，この上ない幸せといえるでしょう。

第6節　生命に対する感性と表現を育てる援助

❶誕生日を祝う

　誰でも自分の誕生日が来ると嬉しいものです。みんなが「おめでとう」と祝ってくれたり，プレゼントをもらえたりするからです。どの園でも盛大に行われている誕生会ですが，いったいどのような意味があるのでしょう。

　今まで2歳だった子どもが3歳になる，4歳だった子どもが5歳になる，その1つ年を重ねる嬉しさといったら，大人の比ではありません。いきなり大きなお兄さんお姉さんになったような気分を味わっています。

　誕生日を祝うのは，「今日まで元気に生きて誕生日を迎えることができてよかったね」「事故や病気で命を落とすようなことがなくてよかったね」というお祝いです。そして，「来年の誕生日も無事に迎え

ることができますように」という祈りが込められています。

　周りのみんなが祝ってくれることは，子どもに，「自分は愛されている」「大事にされている」ということを実感させてくれます。自分は大切な存在なんだ，自分がいなくなったら悲しむ人がたくさんいるんだ，と思うことは，これからも自分を大事にしよう，しっかり生きていこうと思うことにつながります。

　誕生会を月ごとに行う園も多くありますが，できれば誕生日のその日に祝いたいものです。誕生日には胸にリボンをつけるだけでも，あの子は今日が誕生日だ，と誰の目にもわかり，「誕生日だね，おめでとう」とたくさんの人に声をかけてもらえるのです。集まりのときに誕生日の歌を1曲歌ってもらうだけでも，その子は満足できるでしょう。1日に生まれた子が20日の誕生会で「おめでとう」と言われても，まだ誕生日を迎えていない子が10日前に「おめでとう」と言われても，本当の嬉しさはこみ上げてはこないでしょう。誕生会という行事もステージで脚光を浴びられる華やかな体験となりますが，その子の生まれたその日に，その子だけのために祝ってやりたいものです。

　また，誕生日を迎えた子には，数年前のその日に母親が大変な思いをしてあなたを産んだのよ，ということも知らせたいことです。母親が，無事に生まれますようにと祈りながら，痛みに耐え産んでくれたからこそ，今の自分があるのです。誕生日には，母親に「産んでくれて，ありがとう」という気持ちももてるようにしましょう。

　さらに子どもたちは，誕生日を迎えるこれまでに，いろいろな人のお世話になってきたはずです。風邪を引いたときに診てくれたお医者さん，離れて住んでいる祖父母，いつも遊んでくれる友達など。「元気に○歳の誕生日を迎えました。ありがとう」と世界中の人々に叫ぶような気持ちを表現できる場を設けることが，子どもの心を育てます。

　自分が十分に祝ってもらい，嬉しい経験をした子どもは，友達の誕生日を心から祝えるはずです。誕生日を迎えた子には心からの「おめでとう」を贈りましょう。友達の誕生日にあげようと，自発的に手紙を書いたりプレゼントづくりをしたりする子どもがいるかもしれません。色紙や画用紙，リボンテープなど，つくりたい気持ちを支える素材や用具の準備も必要となります。

❷生命について考える絵本

さまざまな人とのかかわり，動植物とのかかわりなどにより，生命に対する感性は養われていきますが，生命に関する絵本にタイミングよく出会うことにより，さらに心に深く刻むことができます。

『いのちのおはなし』[1]は，日野原重明が2003年にお茶の水女子大学附属小学校で始めた「いのちの授業」の再現としてできた絵本です。1911年生まれの日野原氏は「命は，きみたちのもっている時間だといえますよ」と子どもたちに語りかけます。「時間を使うことは，命を使うことです」「これから生きていく時間。それがきみたちの命なんですよ」。日野原氏の言葉から，命は自分に与えられた限りある時間であることが意識されます。この絵本に出会った子どもたちは，素朴に長生きしたいと願い，時間を大事に使おう，人が喜ぶことを進んでしようと思うでしょう。そして，自分のできることは何だろう，したいことは何だろうと考えるようになるでしょう。

『わすれられないおくりもの』[2]は，誰からも慕われていたアナグマの死から，物語が始まります。かけがえのない友を失った野原のみんなは悲しみにくれますが，一人ひとりに残してくれた贈り物に気づきます。この絵本は，友人同士のあり方や互いに心や技を伝え合うことの大切さを静かに語りかけてくれると同時に，死んでも心のなかで生き続けることの意味を感じさせてくれます。

『葉っぱのフレディー──いのちの旅』[3]は，季節の移り変わりとともに色が変わり，雪を経験し，やがて落ち葉になっていく葉っぱの一生を描いています。この本をめくると，私たちはどこから来てどこへ行くのだろう，生きるとはどういうことだろう，死とは何だろう，ということを考えずにはいられません。哲学者が子どもたちのために書いた生涯でただ一冊の絵本です。自分の力で考えることを始めた子どもたちに，この神秘を体験させたいものです。

『いのちのまつり──ヌチヌグスージ』[4]は，命というものをご先祖様を意識させることによって，その神秘に気づかせてくれます。この絵本から子どもたちは，自分にはさまざまな時代を生きたご先祖様が大勢いること，太古からつながっている命が今，奇跡的に自分にめぐってきたこと，このバトンを次の世代に渡さなければならないことを，目の前で新しい世界が開けていくように，じわじわと感じることがで

→1 日野原重明（文），村上康成（絵）『いのちのおはなし』講談社，2007年

→2 スーザン・バーレイ（作・絵），小川仁央（訳）『わすれられないおくりもの』評論社，1986年

→3 レオ・バスカーリア（作），みらいなな（訳），島田光雄（画）『葉っぱのフレディー──いのちの旅』童話屋，1998年

→4 草場一壽（作），平安座資尚（絵）『いのちのまつり──ヌチヌグスージ』サンマーク出版，2007年

きるでしょう。現代は，個人の幸せを追い求めることがもっぱらの関心事ですが，自分は一人で生まれて一人で生きているわけではないことを思い知らされます。また，日頃意識にはのぼらない血族のつながりを意識できるでしょう。

　これらの絵本との出会いから，子どもたちの心に残るものがきっとあるはずです。まだ内容のすべてを理解できるわけではありませんし，そのような期待もできません。けれども，少し大きくなって誰かの死，何かの死に直面したときに，前に読んでもらった絵本を思い出し，それらの死を乗り越える力になるかもしれません。また，そういうことだったのかと，ある日突然，心の奥深いところで知恵の輪がはずれるような経験をするかもしれません。

　保育者が心を込めて読んでくれた絵本，担任が好きだと言っていた絵本を，子どもたちは忘れません。生命に対する感性が高まるような絵本との出会いを演出するのも，保育者の援助の1つです。子どもたちの前で絵本を読む際，保育者の感性で受け止めたことを読み方で表現しましょう。そして，思ったことを自由に語り合える場をつくり，みんなで生命について考えるひとときをもちたいものです。

さらに学びたい人のために

- 倉田新『いのちを育てるこころを育てる——子育てのための食農保育・教育論』一藝社，2006年
  幼稚園や保育所の実践事例から，野菜づくりを体験し食を深める保育，および，動物介在保育の意義と効果について詳しく学べます。
- 柴崎正行・青木久子・岩崎婉子・平山許江『生きる力を育てる保育』世界文化社，1999年
  「いのち」「かかわり」「まなび」の3冊セット。具体的な事例を通して，保育者はどう対応すべきかを多様に考えることができます。

演 習 問 題

1. 生きているとはどういうことでしょう。自分が生きていると実感した出来事を，具体的に語り合ってみましょう。
2. 動植物とかかわっている子どもを観察し，今どのようなことを感じているのか，この経験が何を育てることにつながるのかを考えてみましょう。

第7章 音・音楽に対する感性と表現

　保育者であれば誰でも，子どもの豊かな感性を育てたいと願います。音楽に対する感性は「音楽性」と呼ばれますが，それは具体的にはどのようなものなのでしょうか。私たちはよく，音楽性があるとかないとかいったりしますが，それはどのようなことを指すのでしょうか。音楽性や音楽に対する感性という言葉は，実は曖昧でわかりづらい言葉です。音楽性とは，単に「歌がうまく歌える」とか，「楽器を上手に演奏できる」というような，音楽の形式的側面をとらえて技術的に熟練することではなく，音楽を演奏する人，または音楽を聴く人の内面のありようを指すのです。

　この章では，保育の現場でのさまざまな事例を通して，子どもが音や音楽とかかわる姿を具体的にみていきます。そして，子どもの音や音楽に対する感性とはどのようなものか，私たち大人はどのようにして子どもの感性を育て，子どもの表現を育むことができるのかを考えます。そして最後に，そのような感性を育てるための音環境のあり方について学びます。

春風…
風鈴…
虫の声…
そして降り積む雪の音…
季節折々の音に耳をそば立て
心豊かな経験を…
…のはずが年がら年中この音環境！
うるさ〜い！
先生もねっ‼
トリャーッ
キャーッ
Bang
ゴミ箱
Beeee
防犯
ドタドタドタ

第1節 音楽的表現の芽生え

音や音楽に対する子どもの反応は，胎児期にすでに始まっているということが，最近の研究で明らかにされています。妊娠26～28週には，胎児は外界の音を聴き，それに対して心拍数が変化したり，運動反応を示したりします。そして胎内で最もよく聞こえるのが母親の話し声で，特に抑揚がはっきりと伝わります。母親のやさしい語りかけや心地よい音や音楽は，胎児に大きな影響を与えるだけでなく，出生後の子どもの反応にも明らかに影響がみられます。[1]

たとえば，生まれて間もない赤ちゃんでも，胎内で聞きなれた母親の血流音や心臓の音には特別な反応を示し，泣いていた赤ちゃんが泣き止み，落ち着きをとり戻したり，すやすやと眠り始めたりするという報告もあります。また，母親が発する声の抑揚をまねて声を出したり，母親の声のする方を向こうとしたりというように，母親の語りかけには反応を示します。このように，子どもは母親の胎内にいるときからすでに音と出会っており，子どもにとって音や音楽的な環境がいかに大切かということがわかります。[2]

それでは生まれてからその後，子どもはどのように音や音楽とかかわっていくのでしょうか。具体的な事例から，子どもが音に興味を示したり，みずから音をつくり出したりというような，音楽的表現を獲得する過程をみてみましょう。

❶身近な自然や生活の音に耳を傾ける

[1] 胎児は音が聞こえるだけでなく，出生後にもその音を記憶しており，母親の声には敏感に反応を示します。（梅本堯夫『子どもと音楽』東京大学出版会，1999年，pp. 7-8.）

[2] 母親が生後間もない赤ちゃんに対して，高い声で話したり，大きな抑揚をつけてやさしく語りかけたりするなど，独特の語りかけをすることをマザリーズと呼び，母親と赤ちゃんのコミュニケーションのための大切なツールとされています。（志村洋子『赤ちゃん語がわかりますか──マザリーズ育児のすすめ』丸善メイツ，1989年，pp. 24-28.）

Episode 1

リズムを合わせる

保育所の0歳児クラスの給食時間のこと。Aちゃんはご飯が待ちきれないのか，両手でテーブルをパンパンと叩いています。これから始まる食事の時間が楽しみでしかたがないといった様子のAちゃんがテーブルを叩く音は，とてもリズミカルで楽しそうな音です。

するとそれを聴いていた周囲の他の子どもたちも，Aちゃんと同じようにテ

ーブルを叩き始めました。その音のリズムはAちゃんの叩くリズムと同期しています。子どもたちはAちゃんの発する楽しそうな音を聴き，自分たちも真似をしてみたくなったのでしょう。そしてみんなでリズムを合わせて叩くことを心地よいと感じているようです。

　このエピソードのように，周囲から聞こえるさまざまな音に反応し，その音が生み出すリズムに同期しようとする反応は，0歳児にもみられます。
　私たちが生活する環境のなかには，木々の梢が揺れる音や風が吹き渡る音，水が流れる音といった自然の発する音や，人々の話し声や足音，その他の生活音など，さまざまな音があります。子どもはそれらの音をよく聞き，また敏感に反応を示します。

Episode 2　水たまりの音を聴く

　保育所に登園して来た2歳児クラスのBちゃん。その日は朝から雨が降り続いていて，園庭には大きな水たまりができています。Bちゃんは，その水たまりのなかに，わざと大きく足を振り下ろしました。するとピチャピチャと水たまりの水の鳴る音がします。Bちゃんはその鳴り方の違いを試すかのように，水たまりのなかの歩き方を変えながら何度も何度も足を振り下ろし，水の鳴る音に耳を傾けているようです。

Episode 3　雨だれの音を聴く

　ある幼稚園での雨の日の出来事です。子どもたちが園庭につながる廊下で，保育者とともに屋根のといからこぼれ落ちる雨だれを，お豆腐を入れる容器で受けて遊んでいます。雨が容器に当たるとポタッポタッと大きな音が響きますが，その容器を別の素材のものに替えると，また別の音が鳴ることに気づき，その違いを楽しんでいます。

第7章 音・音楽に対する感性と表現

写真7-1 雨だれの音を聴く子どもと保育者
（写真提供：東京都大和郷幼稚園）

Episode 4

砂の鳴る音を聴く

　ある保育所で4歳児クラスの子どもたちが砂場遊びをしていました。女児Cちゃんは，小さな容器に少し水気を含んだ砂を入れ，それを小さなすりこぎで押していました。やがてその容器を自分の耳の近くにあてると，砂が押されるたびに鳴る音に耳を傾けました。そして側にいた私に「ねえ聞いて。砂がキュッキュッって，音がするよ」と言って，その音を聞かせてくれました。

　【Episode 2】では，水たまりのなかを歩いていて偶発的に生み出された音に興味を示し，足の振り下ろし方を変えると水たまりの音の鳴り方が変わることに気づき，その音にみずからかかわろうとする子どもの姿がみられます。【Episode 3】では，といをつたって落ちる雨を容器で受け，音の鳴り方を聴くという遊びですが，素材の違いによって鳴り方が変わることに気づくよう，保育者が別の素材の容器を差し出すというような，音の気づきを促す保育者の意図的な働きかけがみられます。また【Episode 4】では，Cちゃんが偶然砂の鳴る音に気づき，発見したその音を誰かに聴いてもらいたいというCちゃんの気づきへの喜びがみられます。

　これらのエピソードからわかるように，子どもたちは大人があまり気に止めないような自然が生み出す音にも気づき，その音を意識的に聴こうとし，何かを感じとっているようです。このように，音に対す

る子どもの感性はとても敏感です。周囲の大人は，身近な自然や生活のなかにある音に対して，子どもがどのように関心をもち反応しているかをよく知る必要があります。そして子どもが音に気づいたり，その音を表現したりしようとしている瞬間を見逃さず，その気持ちをしっかりと受け止められるようにしたいものです。

❷言葉から音楽へ

　子どもがみずからつくり出す音は，叩いたり押したりというように，身体的にかかわって生み出す音や，声を出して生み出す音があります。赤ちゃんは生後2か月頃から「アー」とか「ウー」といった声を発しますが，その声に対して母親や周囲の大人が反応することにより，赤ちゃんと周囲の人々とのやりとりが生まれます。こうしたやりとりをするなかで，赤ちゃんは声を出すことの楽しさを知ります。そして生後3か月頃には喃語がみられるようになり，さらにさまざまな声を発するようになります。やがて5〜6か月頃になると，今度は唇を合わせて発する音（両唇音）を出すようになりますが，「ババババ」とか「ブー」といったこれらの音を出しながら，唇が振動する感覚や，そこから生み出される音そのものを楽しむ姿もみられるようになります。

　生後7〜10か月頃になると，このような喃語を用いてさらに周囲の人々とのやりとりが盛んに行われます。やがて大人たちが用いる言葉の音声をまねて「マンマ」とか「パパパパ」というように，まるで言葉を発するかのような表現をするようになります。

　こうして発達とともに言葉を獲得していく子どもは，1歳前後ではいくつかの意味のある言葉を話すようになります。この頃に用いる言葉は，たとえば犬のことを「ワンワン」，ネコを「ニャーニャー」というように，発音しやすいと同時に，そのものをイメージしやすい表現を用います。また，ブランコのことを「ブーラン」というように，ブランコの揺れる様子を言葉にするといった擬態語を用いることもあります。このような言葉は大人から子どもに提示され，模倣するうちに獲得していくのですが，特に母親や保育者とのやりとりのなかでは，リズミカルに言葉のやりとりが行われています。わかりやすく伝えようとしたり，やりとりを楽しもうとしたりする気持ちから，大人は子どもに対してゆっくりと，また大きな抑揚をつけて，ときにはリズミカルに語りかけます。このようなやりとりを行うことで，子ども自身

➡3　このような声をプレジャーサインと呼び，母親の呼びかけなどに反応して，同じような声の高さで応えようとする姿が見られます。（志村洋子『赤ちゃん語がわかりますか──マザリーズ育児のすすめ』丸善メイツ，1989年，p. 70.）

➡4　プレジャーサインからさらに広がりをもち，発音も「ア　ウ　エ　オ」などの母音がみられます。（志村洋子『赤ちゃん語がわかりますか──マザリーズ育児のすすめ』丸善メイツ，1989年，p. 78.）

➡5　このような話し方を「マザリーズ」と呼びます。

もまた，リズミカルな言葉や大きな抑揚のついた言葉を，まるで歌を歌うかのように用いるようになります。このような言葉とも歌ともとれるような表現は，原初的な音楽表現として，歌の始まりととらえることができますが，それは子どもが周囲の大人たちと深くかかわり，やりとりするなかで育まれていくのです。

たとえば，母親や保育者が子どもの名前を呼び，それに対して子どもが応えるといった，「○○ちゃん」，「はあい」という応答場面では，しばしば「ラソラ」というように，長2度の音程でやりとりがなされます。この長2度の音程は，わらべうたに多くみられます。子どもが自然に発声した際に最も歌いやすい音程とされていて，遊びの仲間に参加するときの「よーしーて」，「いーいーよ」という子ども同士のやりとりや，「あそびましょ（ソソラソラ）」というような呼びかけの場面での言葉のなかにもしばしばみられます。子どもはこのように周囲の大人や子ども同士の言葉のやりとりのなかで，応答唱を用いながら音楽的に表現する方法を獲得していきます。そしてかくれんぼの遊びにみられるような，「もーいいかい（ソシラ）」，「まーだだよ（ソシラ）」といった長3度の音程を含む応答唱など，より歌に近づいた表現を用いるようになり，やがて自分の話す言葉に大きな抑揚をつけたり，リズミカルに唱えたりするなどの「作り歌」がみられるようになります。こうして子どもは，話し言葉から歌へとつなげていくことで，言葉を話すことそのものも遊びとしてとらえ楽しむようになります。

> 6 小泉文夫『日本伝統音楽の研究』音楽之友社，1975年，p. 109.

❸身体で感じるリズム

テレビなどで音楽が流れると，赤ちゃんでもうれしそうに手や足をバタバタさせる姿がみられることがあります。音楽はそれ自体，人の情動を揺り動かす力をもっていて，特にリズミカルな音楽やすぐに覚えてしまうような親しみやすい歌には，幼い子どもも強い反応を示します。音楽にあわせて身体を動かすことの楽しさは，こうした日常生活のなかでも育っていくのです。

1歳後半から2歳頃になると，歩いたり走ったりするといった子どもの身体的な能力も発達し，やがて両足跳びや片足跳びに挑戦するようになります。保育所などで子どもが飛んだり跳ねたりする様子をみていると，最初は保育者が手を沿え「ピョンピョン」というような言葉を発し，そのリズムにあわせて子どもの飛ぶ動作を補助する姿がみ

られます。子どもは保育者の言葉のリズムを手がかりに，みずからの動作を同期させ，身体の動きの感覚を身につけていきます。

　そして言葉を手がかりに身体でリズムを感じることは，やがて子ども自身がさまざまな身体の動きに気づく手助けをします。泳ぐような動作をしながら「スーイスーイ」と言ったり，かえるが跳ぶ様子を真似て「ピョンピョン」と言ったりするのは，子どもが動きのイメージを言葉で表現しているものです。また反対に，リズミカルな言葉に触発されて動きが生み出されることもあります。

Episode 5　言葉のリズムに合わせて動く

　保育所の3歳児クラスの子どもたちが，プールに入る前に準備運動をしています。プールは子どもたちが大好きな遊びの1つで，みんな早く入りたくてしかたがありません。保育者はそんな子どもたちの気持ちを理解しつつ，安全に配慮しながら入念に準備運動をしています。
　「はい，お手手をぶらぶらさせてね」と言って，手首を動かしたり，片足跳びをしながら「はい，けんけんはできますか？」などと言葉をかけたりしています。そうした動きが楽しかったのか，Dちゃんは突然「ブラブラケンケンブラブラケンケン」とリズミカルに唱えながら，両手をぶらぶらさせ，片足跳びをして向こうの方まで行ってしまいました。

　　ブ　ラ　ブ　ラ　ケ　ン　ケ　ン　　ブ　ラ　ブ　ラ　ケ　ン　ケ　ン

　この時のDちゃんの「ブラブラケンケン」という言葉は実にリズミカルで，身体の動きともぴったり同期していました。向こうのほうまで片足跳びで行ってしまったのは，プール遊びへの期待感がよほど高まったのか，楽しい気持ちから思わず身体が動き出してしまったという様子です。Dちゃんは，保育者が「お手手ぶらぶらさせてね」と言いながら手をぶらぶらさせたり，「けんけんできますか」と言いながら片足跳びをしてみたりといった言葉や動作に促され，みずからも手をぶらぶらさせたり片足跳びをしてみたりしました。そして，動いているうちに思わず言葉が出てしまったようです。子ども自身で生み出した言葉と身体のリズムとが同期するとき，動きはこのようにと

てもリズミカルになるのです。

第2節 音楽的表現を育む

　日常の保育では，あらゆる場面で音楽が用いられています。子どもたちは日々歌い，踊り，楽器を奏でて遊びます。思い思いに遊びのなかで自由な音楽表現を楽しむ姿もあれば，保育者が指導して発表会などで披露することもあります。保育者はみな，子どもの音楽性を育てたいと願い，子どもの音楽的な経験を大切にしたいと考え，日々の保育のなかで音楽の活動を取り入れています。

　しかし「音楽性」といっても，それはいったいどのようなものを指すのでしょうか。「音楽性」という言葉はわかりやすいようで，実はとても曖昧な言葉であると思います。みなさんのなかには，子どもの音楽活動を，ある一定の枠組みによってつくられた音楽作品を演奏したり，それにあわせて踊ったりするというような活動だと限定してとらえ，音楽作品の完成した姿を大人の視点でイメージし，それを演奏できるように子どもたちの音楽技術を近づけること（上手に歌を歌ったり，楽器を演奏したり，踊ったりすること）を，「子どもの音楽性を育むこと」だと考えている人もいるのではないでしょうか。また，大人の意図したとおりに演奏できる子どもを「音楽的に優れた子ども」ととらえ，楽譜が読めるようになることや，楽譜どおりに演奏できることを子どもに期待し，楽譜から読み取ることのできる音楽を習得することが唯一の音楽の学習であると考えてはいないでしょうか。

　そうした考えは，音楽性がある／ないということを，歌や曲などの音楽作品の演奏の出来栄えでのみ判断することから生じたもので，本当に子どもの音楽性を育むことにはなりません。藤田は，「幼児の音楽行動を観察してみますと，音楽的でない子どもや音楽性のない子どもはほとんどいないと言ってよいことに気がつきます」と述べ，保育者が与える「音楽」には関心を示さない子どもでも，日常生活の子ども同士の遊びのなかでは見事な応答唱を行っていたり，機敏な動作でお手合わせをしていたりする姿から，子どもたちの豊かな音楽的表現を見出すためには，保育者が設定する音楽活動以外の何気ない日常生

➡7 藤田芙美子「子どもはどのように音楽的であるか」『音楽教育学』第23-2号，1993年，pp.55-64.
大宮真琴・徳丸吉彦（編）『幼児と音楽』有斐閣，1985年，p.19.

活のなかでの音楽行動をみる必要があると指摘しています。➡7

　保育の場で，子どもたちの感性や表現する力，そして創造性を育むための音楽のあり方や，子どもたちの音楽性の本質を見極めるためには，日常生活で子どもたちが主体的に音や音楽とかかわる姿に目を向け，そこで用いられる音楽の特性がどのようなものか，またそれが子どもの育ちとどのように関係があるのかということを考える必要があります。ここでは，子どもたちが歌ったり，楽器を用いて遊んだり，身体を動かして踊ったりといった場面で，どのような音楽表現をしているか，そのなかで保育者はどのようにかかわっていくのかを，具体的なエピソードを通して考えてみましょう。

❶歌　う

Episode 6

作り歌を歌う

　保育所の2歳児クラスで，子どもたちが保育者とともに制作遊びをしています。トイレットペーパーの芯を2つつなぎ合わせて，片側の穴にセロファンを貼って望遠鏡に見立て，子どもたちはその周囲にきれいな光るシールを貼っていきます。保育者は子どもたちに「きれいだね。今日はピカピカシール」と言いました。するとその光るシールに興味をもったのか，E君がシールを貼りながら，「ピタピタチール」と何度も繰り返し歌い始めました。その歌に触発されて，他の子どもたちも一緒に「ピタピタチール」と歌い出しました。

（楽譜：ピタ ピタ チール）

　このエピソードでは，シールを貼りながら楽しそうに歌うE君に刺激をうけて，周囲にいた子どもたちも一緒に歌い出す姿が見られました。そのような子どもたちの姿に，保育者もまたE君たちと一緒に歌い始めました。E君が光るシールに触発されてつくり出した歌を，保育者やクラスの仲間たちが共有して共に歌うことで，「望遠鏡にシールを貼る」という活動はますます楽しいものになっていったのです。
　このように子どもは，みずからの動作にあわせたり，見たものからイメージを広げたりして，遊びのなかでその時々の気分にあわせて作

第7章 音・音楽に対する感性と表現

り歌を歌ったりします。保育者はこういった瞬間を見逃さずに，子どもの自発的な音楽表現を認め，その思いに共感することが大切です。

また歌う活動は，こうした一人ひとりの子どもが自分の思いに沿って歌う場面だけでなく，保育者がクラスの子どもたちに対して提示していくこともあります。季節の歌や行事の歌，あるいは毎日の生活のなかでその活動にあわせた歌を歌うこともあるでしょう。クラスでの一斉活動をあまりしない園でも，毎日クラス全体で歌う活動を取り入れているところも多いようです。

では，クラス全体で歌うときには，保育者はどのような点に留意すべきでしょうか。お行儀よく姿勢よく歌うことが大切でしょうか。大きな口をあけてしっかり歌うというような注意が必要でしょうか。たしかに，発表会などで保護者に披露する場合，年長になるにつれて「かっこいい自分を見せたい」という気持ちが育ってきます。子どものそういう意欲に対しては，どのように歌えばかっこよく見えるかということを指導することもあってよいと思います。しかしそれは，あくまでも子どもの気持ちに沿った指導でなければならず，歌う姿勢や発声などの形式的な側面にばかりとらわれてしまうと，歌うこと自体を楽しむといった本来あるべきねらいは達成できなくなってしまいます。

➡8 新沢としひこ（作詞），中川ひろたか（作曲）「にじ」

ある幼稚園を訪問したときのこと，年長クラスの子どもたちが保育者と共に「にじ」を歌っていました。➡8 保育者の周りに座り，子どもたちは手話をしながら無伴奏でこの歌を歌っていました。その歌声はとてもやわらかく美しい声でしたが，保育者は特に姿勢を注意するわけでもなく，子どもたちは思い思いに気持ちをこめて歌っていました。園長先生にお話を伺ったところ，「子どもたちはこの歌が大好きで，いつも歌っているんですよ。きっと自分たちにとって大切で大好きな歌だから，歌うときも大切に歌うのでしょうね」とおっしゃっていました。

「丁寧に歌いましょう」，「きれいな声で歌いましょう」と保育者が言葉をかけたとしても，なぜそう歌うのか，そもそもなぜこの歌を歌うのかといった，歌うことの意味を子どもたちが理解していなければ，丁寧に歌うことも楽しく歌うこともできません。「クラスのみんなで同じ歌を歌う」には，「みんなで歌うと楽しい」という前提があるはずです。そしてその歌が子どもたちにとって大好きな大切な歌になれば，自然と歌声も変わってくるのではないでしょうか。

また別の幼稚園でも，同じ「にじ」の歌を歌っていました。この園では，保育者の弾くピアノにあわせて子どもたちが身体を揺らしながら楽しそうに歌っていました。先ほどの園と同様に，子どもたちの歌声はやわらかく美しく響いていましたが，このクラスの保育者の弾くピアノ伴奏もまた，とても美しい音色でした。この歌の雰囲気がピアノ伴奏によく表現されていて，子どもが歌のイメージを広げるのを助けていました。保育者は言葉でなく，みずからの伴奏によって，どのように歌うのかを子どもたちに伝えていたのです。

　「音楽は人と人との間に存在する」とよくいわれます。保育者がクラスの子どもたちと共に歌を歌うときには，保育者と子ども，また子ども同士も気持ちを通わせながら，声をあわせて共に歌うことの心地よさを感じ取りながら歌いたいものです。そのためには，形式的なことよりも，まずその歌から感じ取れる雰囲気を共有して歌うということを第一に心がけてほしいと思います。

❷楽器で遊び，演奏する

　保育のなかでは，さまざまな楽器を用いて遊ぶ場面もよくみられます。特にカスタネット，スズ，マラカス，ウッドブロック，タンバリンというような小さな打楽器や，ピアノやキーボードなどは，多くの園で，子どもが好きな時に自由に使えるように保育室のなかに置かれています。このような楽器を用いて遊ぶことを通して，子どもたちの何がどのように育つのでしょうか。

Episode 7　楽器の音を聴き演奏する

　幼稚園4歳児クラスで，保育者と子どもたちが楽器の音あてをして遊んでいます。ダンボール箱でつくったつい立ての後ろで保育者が楽器を鳴らし，子どもたちはその音色をよく聴いて，何の楽器かをあてるという遊びです。そして今度は，それらの楽器のなかから自分が鳴らしてみたい楽器を選び，保育者が弾く「おもちゃのチャチャチャ」の歌にあわせて，自由に楽器を叩いて鳴らしてみます。

➡9　野坂昭如（作詞），越部信義（作曲），吉岡治（補作）「おもちゃのチャチャチャ」

　この活動における保育者のねらいはどのようなものでしょうか。お

そらく保育者は，さまざまな楽器の音色をよく聴いて，音色の違いに気づくことや，自分の好きな楽器を用いて，音楽にあわせて思い思いに楽器を鳴らしてみることをねらいとしていたのでしょう。歌を歌ったり，楽器を演奏したりするときは，まずは人の歌う声や楽器の鳴る音に耳を傾けてよく「聴く」ことが大切です。この場面では，保育者の提示するさまざまな楽器（日常の遊びのなかで親しみのある楽器）の鳴る音をよく聴くという遊びを通して，子どもの「聴く」感性が育っているのです。

　また，子どもたちは自分で好きな楽器を選び，思い思いに鳴らしてみますが，ここで保育者は「同じ楽器の人だけで鳴らしてみよう」と提案します。同じ曲でも，カスタネットを鳴らして演奏するのとタンバリンを鳴らすのとでは，曲の雰囲気も違ってきます。保育者は，用いる楽器の音色の違いによる雰囲気の違いも感じ取れるよう配慮しています。さらに「おもちゃのチャチャチャ」の歌の，どのタイミングでどのように楽器を叩けば曲のリズム感をよく表すことができるかも，子どもたちと一緒に考えていきます。

　このように楽器で演奏するときも，保育者が楽器を決めて演奏の仕方も決めてしまうのではなく，子どもたちと一緒に考えながら音楽をつくり上げていくような指導の方法は，子どもたちが主体的に音や音楽を聴き，工夫して表現しようとする力を育てることにつながります。

❸音楽にあわせて踊る

　第1節の「❸身体で感じるリズム」で述べたように，子どもは言葉のリズムなどを手がかりとして身体でリズムを感じ，動きをあわせ始めます。このような動きは，手あそび歌といった乳幼児期に特有の遊び文化につながります。手あそび歌は，乳児期には「イナイイナイバー」や「ちょちちょちあわわ」のように，大人と子どもがふれあいながら歌うものが中心になり，幼児期になると，歌にあわせて指を動かすものから，身体全体を使ったダイナミックな動きのある手あそび歌で遊ぶようになります。これらの遊びはやがて，音楽にあわせて踊るという表現へと発展します。

Episode 8

ダンスショーごっこをして遊ぶ

　幼稚園の年長組の女の子のグループが何人か集まり，保育室の前のテラスでダンスを踊っています。テラスには，大型積み木を置いてステージに見立てられるよう環境が整えられていて，女の子たちはそこにカセットテープを持ち出し，アニメソングなどを流して歌いながら踊っています。そしてダンスのための小道具として，きれいな色の布や，すずらんテープでつくったポンポンをもち，それらを振りながら思い思いに身体を動かして遊んでいます。ステージの下には観客の子どもたちも招かれていて，ときには保育者も観客として加わり，一緒に歌を歌いながらダンスショーが展開されています。

　この場面のダンスショーは，おそらく数日前から続いていたのでしょうか。最初，登園してすぐに数人が踊り始め，その姿に興味を示した他の子どもたちも集まってきました。途中で「お客さんを連れてこよう」と言って，「ダンスショーが始まりまーす」と観客の呼び込みも行われます。テラスのステージは，保育室側と廊下側の両方から出入りできるのですが，廊下側の出入り口は「舞台袖」として使われています。観客になる子どもたちは，保育室側から入ってステージ前に座り，一緒に歌を歌ったり手を叩いたりしながら，ショーを盛り上げます。保育者も一緒になってこのダンスショーに加わり，子どもたちの思い思いの表現を励まし認めています。

　このように，「音楽にあわせて踊る」という遊びは，ステージを意味づける場所（客席側と舞台袖側と明確に場が分けられている），カセットテープから流れる音楽，観客，そして踊るときに用いる布やポンポンといった小道具がそろうことによって，「ダンスショーごっこ」として展開されていきます。ひとつの遊びも，その遊びを意味づけるための場所や道具，そこにかかわる友達や先生などがいることによって，遊びのイメージ（ここではダンスショーごっこ）がより明確にされていきます。こうしたイメージをしっかりもつことができることや，表現する姿を互いに認め合う友達や保育者の存在に励まされ，子どもたちの踊るという表現もより豊かになっていくのです。

第3節 子どもの感性を育む音環境

　最後に，子どもの感性を育むための音環境について考えてみたいと思います。ここでいう音環境とは，保育のなかにあるさまざまな音を意識し，音に対して配慮された環境のこと，とらえてみたいと思います。私たちをとりまく環境のなかにはさまざまな音が存在します。気になる音もあれば，意識しないと聞こえてこない音もあります。また人によって快／不快の感じ方も異なります。

　日常の保育のなかでの騒音について調査した志村らの研究（1998）[10]によれば，調査した園での音環境は，学校環境衛生上の基準値をはるかに超え，通常の場合で70～80dB，音楽を伴う活動（歌・体操・演奏など）や，走り回るなどの活発な遊びが行われる場合では，90～100dBに達するほど大きいものだったそうです。80dBとは交通量の多い道路程度，90～100dBは電車のガード下程度の騒音に相当します。つまり，子どもたちはつねに相当大きな音のなかで生活していることになりますが，多くの保育者も子どもたちもこのような大きな音に慣れてしまって，あまり気にしていないのではないでしょうか。楽しそうに元気な声を出している子どもの姿は微笑ましいものであり，そういった姿を不快に感じる人は少ないからでしょう。

　しかし，日常的に大きな音のなかで生活していると，人はそういった音に対して鈍感になってしまいます。音に対して意識が鈍ってしまうと，音や音楽に対する感性など育つはずもありません。ですから，子どもにとっての望ましい音環境について考えるためには，まず音に対して保育者が敏感になる必要があるのです。

❶物理的な音環境

　ではまず，保育のなかでどのような音がするのかを考えてみましょう。園庭に出れば，木々の葉が風に揺れる音，鳥の鳴く声，水の流れる音などの自然の音が聞こえるはずです。日常生活のなかでは，このような自然の音に対してはつい鈍感になってしまいがちですが，こうした音に耳を傾けることで，さまざまな音に対する気づきが生まれて

[10] 志村洋子・甲斐正夫「保育室の音環境を考える(1)」『埼玉大学紀要 教育学部』第47巻第1号，1998年

きます。【Episode 2】で述べた水たまりに入ったときの音，【Episode 3】のように雨の音を聴く姿，そして【Episode 4】の砂の鳴る音に耳を傾ける姿などをみても，子どもは自然のなかにあるさまざまな音に対してとても敏感です。そうした子どもの様子を保育者が見逃さず，自然のなかにある音に気づいてほしいという願いをもって，意識的に環境を整えることが大切です。

　ある幼稚園では，保育室と保育室の間にある広いホールに風鈴が吊るしてありました。この場所は風の通り道になっているので，風が吹くと風鈴が涼しげな音を鳴らします。このような保育者の意識的な環境構成によって，子どもは風が風鈴を鳴らす音を楽しみ，そして風がどのように通っていくのかを知ることになります。

　また生活音に対しても配慮が必要です。たとえば，椅子は動かしたときに大きな音がしないように吸音材を貼ったり，木製の椅子にしたりするといった園もあります。先ほどの風鈴を飾っていた園では，保育室のゴミ箱も木製にしているそうです。生活音のなかには，よく聞こえるけれど本来は聞こえないほうが好ましいものも多くあります。そして毎日の生活のなかでは，当たり前のように聞こえてくる生活音に意識を向けることはことのほか難しいようです。しかし身近な音をよく聴き，音が聞こえないほうが好ましいと思う場合は，その音をどうすればなくすことができるかを考えてみる必要があるでしょう。

❷人的な音環境

　次に，人的環境として人の話す声について考えてみます。ある園では保育者の話し声がほとんど聞こえず，そればかりか子どもが遊びに入り込んでいるときには保育者の姿すら気にならないということもあります。その一方で，また別の園では，保育者が大きな声で子どもを呼ぶ叫び声が聞こえることもあります。もちろん必要なときには保育者は大きな声を出さねばならないこともあります。

　しかしたとえば，自由な遊びの時間が終わってお片付けをする際に，保育者が「お片付けだよー」と大声で叫びまわる必要はあるのでしょうか。大きな声で片付けを促す前に，なぜ声を出さねばならない状況にあるのかを考えてみましょう。もし子どもがなかなか片付けをせずに遊び続けているなら，それには理由があるはずです。大声で叫ぶのではなく，子どもの側まで行って様子を見て，遊び続けている理由を

知ることが大切です。また，次の活動が楽しいものであることを理解したり，今している遊びの続きをすることが保障されていたりすれば，子どもは保育者に促されずとも片付けをするかもしれません。保育のなかでの保育者の大きな声は，時として子どもにとっての暴力にもなりかねないということを自覚して，みずからの発する声にも敏感になってほしいと思います。

　また，子どもたちの遊ぶ声にも配慮が必要でしょう。園庭や広いホールなどで身体を動かして活発に遊ぶようなときには，元気な声が遊びを盛り上げることにつながる場合もあります。しかし，制作遊びや絵本を読むなどの静的な遊びの場合は，集中できるような静かな環境が必要です。大きな声を出して元気に遊ぶ場合は園庭やホールとし，保育室では大きな声を出さない，走り回らない，制作遊びや絵本などに集中している友達の邪魔をしない，などのルールが子どもたちに共有されている園もあります。また年少クラスや乳児クラスの保育室の前では騒がないなど，子ども自身が配慮できるような心を育てるようにしている園もあります。

　こういった園では，保育室内はコーナー遊びを利用するなどして子どもの動線を工夫し，走り回れないような物理的環境を整えるなどの工夫もされています。そうすることによって，場によって遊び方が変わり，騒ぐことを禁止しなくてもその場にふさわしい振る舞い方や声の出し方をするようになるのです。

❸音に対する感性を育む

　このようにみていくと，音環境を考えることは保育のあり方そのものを考えることにもつながります。ある幼稚園で，子どもたちがホールで遊んでいた積み木を片付けていました。それは大型積み木だったので，ホールで片付ける際には積み木がふれあう音が響くはずです。ところがあまり大きな音はせず比較的静かなように感じました。園長先生によると，自分たちの大切な積み木なので，片付けるときにも丁寧に扱うように心がけているそうです。そうしたモノへの配慮が，子どもたちの動きの一つひとつを丁寧にしていくのだそうです。

　子どもの音楽的な感性を育てるためには，まずはさまざまな音に対して興味をもつこと，そのためには聴くことに意識を向けることが大切です。自然の音や生活音や人の声など，さまざまな音を聴いて心を

動かす経験や，自分自身の出す音や声にも関心をもつなどの経験を繰り返すことを通して，音や音楽に対する感性は育まれていくのです。

さらに学びたい人のために

- 志村洋子『赤ちゃん語がわかりますか——マザリーズ育児のすすめ』丸善メイツ，1989年

    生まれたばかりの赤ちゃんの泣き声や喃語といったメッセージを受け止めながら，赤ちゃんへの語りかけ（マザリーズ）をすることの大切さを教えてくれます。

- 梅本堯夫『子どもと音楽』東京大学出版会，1999年

    歌うことやリズムを感じること，さらに音楽の仕組みを理解することなど，子どもがどのように音楽的な発達をするかを知ることができます。

演 習 問 題

1. 身近な環境のなかにどんな音があるか，音探しをしてみましょう。

    イラストを描いて，どの場所でどのような音がしたかを書き込む音マップを作成し，それを見ながらグループで話し合いをしてみましょう。

2. 楽器あてゲームをしてみましょう。

    身近にあるさまざまな楽器の音を楽器を隠して鳴らし，何の楽器だったかをあてるゲームです。その後，曲にあわせて楽器を鳴らしてみます。曲のどの部分にはどんな楽器がふさわしいか，どのような鳴らし方が適しているかをグループで話し合ってみましょう。

第8章

造形に対する感性と表現

　この章では造形が単なる「作品づくり」ではなく,あくまで自分の感じたことや考えたことの表明であり,時折のこころのあり様をものに託して表現する手段としての造形ということを理解してもらうことがねらいです。

　人と人とがかかわりあうことそのことに表現としての造形手段は欠かせません。さらに自らの心を安定させたり高めたりする手段としての造形活動も人間らしく生きるうえで必要な手段で,子どもばかりでなく大人にも必要な手段なのです。

　そうした生きる力としての造形手段は,「こう描きなさい」「この色に塗りましょう」などと指示されたなかでは育たないことも理解してほしいのです。そして,自分の感覚で感じ,自分の力で考え,自分なりに行動する,という一連の行為のなかにこそ主体的に生きること,自信をもって生きること,友達とも協調して生きることへのキーワードがあります。ですから今までの「作品づくり」という造形の考え方ではなく,ものに触れて考え,発想を広げ,活動に没頭できる個性を獲得してほしいのです。

まあふたりとも
ありがとうっ
ぼく先生が
だーい好き
!!
表現
あげる
…
表現
言語行動タイプの
K君か
造形行動タイプの
T君か…
悩んじゃうなー
どっちも
将来有望
よね〜

第1節 「感じて」「考えて」「行動する」ことの重要性

❶造形行動は内的循環の繰り返し

「感じて」「考えて」「行動する」というサイクルは第1章の第2節で「内的循環論」（図1-1：p. 11.）としてふれましたが，まさに造形行動は「内的循環」の繰り返しといえます。

幼児期の砂場の活動もすべて自らの行動の結果を見て「感じ」，「重ねたい，もっと掘りたいと考え」，「行動する（やってみる）」というサイクルを繰り返しています。乳児期のスクリブル（描画初期の線の痕跡）も自分が手を動かした線の跡が刺激になって，その線の上にまた線を重ねていくという行動も，「円を描いたら『ママ』と思った」，「目を描きたくなった」，そして「口も髪の毛も洋服も」と活動が広がっていくという3〜4歳児の事例もそうした「内的循環」の行動といえます。

そうした「内的循環」のなかに感性が内包されているので「感じて」「考えて」「行動する」ことを考えてみる意義は大きいのです。

では，その感性の豊かさとはどのように考えればよいのでしょうか。感覚器官の鋭敏さなのか，イメージの豊かさや広がりのことなのか，または行動する姿の多様性のことなのでしょうか。「感じて」という感覚器官は，個人差があっても特別な事情がない限り大きな違いはないでしょう。しかし，興味関心によって無意識のうちに諸感覚が反応することを考えると，興味関心＝好奇心が重要なこととなります。

「考えて」というイメージ（＝思ったり考えたり）の世界もその人の興味関心によって決まります。好奇心旺盛なことがイメージの広がりとなるのです。

「行動する」ことはイメージ（＝思ったり考えたり）を具体化することであり，「ことば化」「身ぶり化」「音化」「もの化」の4つの手段に分けて考えることができます。「ことば化」とは，言葉そのものや声の強弱などを駆使して考えや思いを伝えること，「身ぶり化」とは，いわゆるジェスチャーも含め，身体の動きを通した行動のすべてのこ

とです。「音化」とは，音楽以前の音を発することを原点とした行動であり，「もの化」とは，ものを変形変質したり組み合わせたりしていく行動を通して考えや思いを具現化していくことです。そうした手段を通して自分のイメージを具体化することから「行動」＝「表現」ともいえます。その表現の豊かさ，多様な表現こそが感性の豊かさとなります。つまり，1つの事柄も子どもたちへの応答もいつもの決まり切った言葉や反応では豊かさとはいえないのです。

　人間のさまざまな表現は，その人の興味関心＝好奇心に影響しているといえます。さらに年齢・性別・その日の体調などによっても行動＝表現が異なるので，まさに一人ひとり異なることになります。

　「感じて」「考えて」「行動する」という表現のサイクルのなかで造形行動のもつ特性は重要となります。

❷「感じて」は感覚を駆使すること

　感覚器官は，自分の外側のあらゆるものから情報を自分のなかに取り入れるアンテナのようなものです。視覚・聴覚・嗅覚・触覚・味覚の五感は，よく言われる感覚器官ですが，それ以外にも多くの器官があります。温覚，冷覚，圧覚，内臓感覚，平衡感覚など，生きていくのに必要な感覚ばかりで，それらの器官を同時に駆使して情報を入手しています。

　その感覚器官は年齢，性別，興味関心，体調や心もち，経験の有無などによって働き方が違います。同じものを見ていても，見え方は一人ひとり違う，つまり個性的な営みといえます。たとえば1個のりんごがあり，大好きな人は「おいしそう，食べたい」と思いますが，嫌いな人は「触りたくない」と思ったり，置いてあるのに気がつかなかったりします。

　そうした感覚器官を駆使した行動のなかで，人間やチンパンジーは特に視覚を中心とした情報量が格段に多いとされています（犬などは嗅覚が人間に比べ1,000倍とも2,000倍とも言われていますが，視覚は近視でよく見えていないといわれています）。また，聴覚も同様で耳が動く動物は聴覚も敏感に対応している動物で，身近なウサギも猫もそうした動物のよい例です。ウサギなどと違って，人などの霊長類といわれる動物の聴覚はそれほど敏感ではないものの，感覚器官の1つとして他の器官と協応して機能しています。つまり感覚器官が単独で機能するの

ではなく，複雑に絡み合って複合的に機能していることが明らかで，そうした機能は大人も子どもも共通であり，おもしろいこと・不思議なこと＝興味関心＝好奇心こそが，保育の原点ともいわれる所以です。

　その興味関心は個々異なり，興味関心がイメージをつくり，行動を引き起こします。さらに興味関心は直接感覚器官を動かすこともあります。たとえば，あなたが欲しいと夢見ていた洋服を着た人が前から歩いてきたとします。その人の周りに多くの人がいたとしても，あなたの目はその服にくぎ付けになってしまう，といったことです。

　「感じ」，「考え」，「行動する」という繰り返しのスタートは「感じる」ことであり，その感じることを左右している子どもたちの「好奇心」に気づいて保育を組み立てる意義は大きいのです。

第2節　造形の特性

❶「もの」を媒体として

　造形ならではの活動は「もの」とかかわることで成り立っていることです。身近な「もの」を組み合わせたり，変形させたり，変質させたりすることから始まります。組み合わせる行為とは，紙と紙を張り合わせることや木にひもを巻きつけるなどのことです。変形させる行為としては，砂山をつくったり紙箱をつぶしたりすることは容易に思いつきますが，画用紙にクレヨンなどで描くことも含めて考えることもできます。変質させる行為とは，絵の具に水を加えたりすることも含め多様にあります。

　そうした行為そのものが，魅力になることもしばしばあります。泥水のなかに手を入れて気持ちよさそうにしていたり，執拗にクレヨンで塗りこんでいたり，空き箱を踏みつけて騒いでいたりと，さまざまな様子が観察できます。そうした様子は一見破壊的にも見えますが，その後のさわやかな表情は満足感を感じさせます。こうした行為こそ"情動を吐き出している行為"であり，情緒の安定にもつながるのです。ともすると結果だけを求めたがる傾向がありますが，情動的な行

為が心の安定に必要なことを見直す必要性があります。

　造形行動も自らの感覚で「感じる」ことがスタートであり，その感じたことからイメージしていくので，視覚や触覚を駆使した（時には嗅覚も聴覚も働いた）協応動作（2つ以上の神経を同時に働かせる行為）といえます。その感覚を通した心地よさ（気持ち悪さ）は，本人が決定します。たとえば，「冷たいね」と感覚と言葉とを結び付けることは別として，感覚そのものを他人に押し付けられることではないということです。

　さらにその日の体調や心もちによって心地よく感じたり（さわるのもいやと感じたり）します。そうした行動を認めることから，一人ひとりを認める保育を可能にするのです。たとえば，無心になって砂を掘っていたり絵の具をこねていたりという行為や，段ボール箱を積木でたたいていることも，その子にとって心地よい行為として認めることが重要で，なぜそうした行為に心惹かれるのか，と洞察することが保育といえるでしょう。

　そうした行為は「もの」と向き合ってこそ生まれてきます。「もの」にはさまざまな性質があり，硬い柔らかいも異なります。材質も大いに影響しています。力を加えるとお団子のように丸まった形になったり，縄のように長細くなったり，自由に変化できる性質（可塑性＝塑性）も，丸めても丸めても元に戻ってしまう性質（弾性）も，力をこめて丸めたら粉々になってしまう性質（脆性）もあります。紙のように破いたり切ったりすると元には戻りませんが，粘土はちぎっても穴をあけても元に戻せる性質（粘性）もあるなど，物質によっても異なりますし，同じ物質でもさまざまな性質を見せてくれるものもあります。

　そうしたさまざまな「もの」に囲まれて生活していることが幸せでもあります。時に応じて自分の心もちを「もの」にぶつけたり託したりできるのだから。そうした自分の心もちに応えてくれる「もの」の存在を"応答的環境"といいます。保育を考えるとき，その"応答的環境"が広い方が望ましいといえます。性質がさまざまなものを，材質も硬い柔らかいにとどまらずサラサラ・ゴワゴワ・ムニュムニュ・ツルツル……と，多様な"応答的環境"を整えることが，一人ひとりのその時折の心もちに応じられるのです。こうした「もの」との出会いは子ども自身の力で環境のさまざまを知り，理解することにもつながります。そして，それらの「もの」を扱う知恵も獲得していきます。

また，心の安定にもつながっていくのです。

すべてを教えようとする保育ではなく，子ども自らが獲得していくことを励まし認める保育の重要性はここにあるのです。

❷造形的思考力

「無心になって砂を掘っていたり……」と先に述べましたが，掘っているうちに「ハッ」とひらめくことがあります。イメージが広がった瞬間です。そうしたことは，内的循環の第2段階に到達したといえます。そのひらめきの内容は，人によって異なることはすでに述べたとおりですが，「もの」にふれて・見て……，と感覚器官を協応して得たイメージでもあります。そうした「もの」にかかわって考える力のことを"造形的思考力（Visual thinking）"といいます。これは言語的思考力（Verbal thinking）に対応した非言語的思考力（Nonverbal thinking）のなかのひとつです。この言語的思考力は言葉を中心に，言葉という約束事や法則性のある抽象性によってコミュニケーションも評価も行うことです。たとえば，「おはよう」と言うと「朝の挨拶」とお互いが理解できる，ということです。つまり共通言語を知っていることが条件となります（地球上にはたくさんの言語があり，それぞれの言語には特性があります。Aという言語を聞いてもBという言語しか知らない人には通じない，ということもあります）。

ところが共通言語が当たり前のように横行していくと本来の意味が伝わらないこともあります。それは，現代のメールが象徴しています。「おはよう」という挨拶でも，メールの文字で見るのと直接言葉を聞くのとでは意味や感情の伝わり方は異なります。言葉を直接聞くと，人への心遣いも発信している人の健康や興奮度も伝わってきます。つまり，言語的思考力は言語によるコミュニケーションとして成立します（Verbal thinking＝Verbal Communication）が，文字という形だけを追いかけると，発信している人と出会うことができない，または出会っているつもりになっているだけになってしまうということがあるのです。今日的な問題として「コミュニケーション力の低下」があり，そうした背景にメールの存在も大きな要素として考えられます。人と人とのかかわりとして「コミュニケーション」を考えるとき，Verbal＋Nonverbalの意義は大きいのです。

そのNonverbal（非言語）の世界は"造形"も"身ぶり"も"音

も含まれています。そしてそれらは「感じること」から始まるのが特徴で，共感することや反発することでコミュニケーションがとれます。その「感じること」は自らの体験に裏付けされていて，さまざまな状況のなかで自らの過去の体験から共通したことを思い出し「共感」できるのです。大きな音にビクッとするという反応は，動物が生まれながらもっている自己防衛の反応であり，一緒にいて大きな音を聞いた人たちは顔を見合わせて「共感」できます。そうした本能に裏付けされているのも非言語の世界です。また，経験がないことに出会っても似た体験から推測することもできますし，強い興味関心を抱くきっかけにもなります。Verbalな世界は言語的であり論理性ともつながり，今日的に価値が高いと思われています。しかし，Verbal + Nonverbalの意義の大きさを認識したとき，改めてNonverbal（非言語）の意味を再確認しなくてはなりません。

　しかし，Nonverbal（非言語）の世界は「感じること」が出発点であるので，本能的な世界は共通でも個人的世界が基本となります。つまり，熱いものを平気で食べられる人もいれば冷まさなければダメな人もいます。そうした違いも「感じること」の原点です。その意味からも，論理性ではなく個人的・主観的世界であるといえます。特に「答えはひとつ」の価値観で考えていると「答えがさまざま」ではまとまりづらく，客観化できず困惑してしまいます。そこでひとつの方向性を見出すことで考え方も心も安定化しようと，結果「答えはひとつ」という考えが広まっているのです。そうした様相が今日の社会の動向や教育界に反映しているともいえます。しかしその半面，「みんな違ってみんないい」という世界にも注目していることも事実です。

　そうした生活のなかにあって「答えがさまざま」のように見えるが実は共通の思いや考え，行動がある，ということに気づくのです。

　たとえば，カレーライスをつくる時に人参を切ります。その人参を切りながら「これは大きすぎて食べにくそうだ」と思い，小さく切るということがあります。また，「大切なものだ」と感じたものを丁寧に壊れないように忘れないように，と考えて袋に入れたり包んだりして収納します。そうした時の人参を適切な大きさにする考えや大事なものを収納する仕方は個々さまざまですが，行為の源は共通しています。そうした行為こそ"造形的思考力"です。また，「あそこを右に曲がって……」と口で教えるのは言語的思考力であり，地図を描きながら説明するのが"造形的思考力"といえます。

以上のように考えていくと，単に絵を描くことやものづくりが造形ではなく，人としての営みのなかにこそ造形的な要素があるのです。朝起きてからのあなたの日常の生活を考えてみれば理解できるでしょう。パジャマから着替える，パジャマをたたむ（丸める），食事をとる，出かける支度，もち物をそろえる，かばん（袋）に入れる，家を出発……，さまざまな行動のなかに造形的な要素があります。パジャマだけでなく，着るものはすべて体形に合わせてデザインされています。たたむ・丸めるといった行動も，必要な物をもち歩く際に確実に収納してもちやすいことが条件となって，カバンに入れるか紙袋にするかと，考え行動しています。そうした「もの」とのかかわりすべてが造形的思考力によって具体的な行動となっているのです。

第3節　造形的思考力と「表現」

　「表現」には意思のある「表」と，内的な変化の「現」との両面があると第1章でも述べました。造形的思考力は，まさに見たりふれたりすることからイメージが広がり，意思をもって「表したり」，さまざまな心の変化が「現れたり」しやすい手段といえます。

　手紙の書き損じの紙をクシャクシャに丸める……，間違えた文字を塗りつぶす……，メモのなかの大事なところに線を引いたり丸で囲む……，忘れないようにカレンダーにマークする……と，そうしたさまざまな行動は，心の変化が出現していることといえます。それは大人も子どもも関係ありません。むしろ造形的行動は心の動きが見えやすいともいえます。往々にして「表現」は完成度の高い作品を求めてしまいがちですが，人と人とのコミュニケーションを図る手段の「表現」として「心の動き」にこそ着目することが重要となります。

　ピカソやゴッホといった著名な画家の作品も「心の動き」として鑑賞してみると趣が変わります。ピカソの自由奔放な描線もゴッホの執拗なまでのひと筆ひと筆も「心の動き」です。

　そうした「心の動き」は，その日その時の体調や心もちが微妙に変化していることを自分以外の人が感じ取って（読み取って）くれることで成り立ちます。つまり感じ取れるアンテナをもっていることが必

要となります。そのアンテナとは音や声，描線の強弱，指先から身体すべての動きまでの微妙な変化に気づくことで，気づいたことに反応できることが重要です。特に造形的行動は他の行動（音や身振りなど）と異なり，目で見たりふれたりできる実体のあるものとして残るだけにプラスでもありマイナスでもあります。

そのプラスの面は言うまでもなく"目の前にある"ということで，じっくりと作者（子ども）に向き合うことが可能なことです。時には一人の子どもの作品を全部並べてみたり，クラスの子どもたちの絵を並べて眺めてみると，育ち方や関心事などの個性が見えてきたりと"子ども理解"に役立ちます。

一方，マイナスの面は"厳然と作品として残る"ことです。ここに作品主義に走ってしまう原因があります。どうしても指導の結果を明らかにしたい，親に子どもの育ち方を大きく見せて安心してもらいたい，などと親や教員間，上司から評価してほしいという手段にしてしまっていることもあります。

保育に安心感をもってもらえることは，保育者にとって大切なことです。目の前の子どもの姿を率直に語り合ったり喜びを共有できることこそ，保育者と保護者との真のかかわりといえます。また，そうした関係を築くことが子育て支援や親との連携になります。保育者一人の力ではなく，園内の意思疎通，共通認識が成り立っていることが基本です。

❶造形的思考力と「表現」①

「心の動き」は，手紙の書き損じの紙の例でも示しましたが，心の状態によって引き起こされる行動は人によって異なります。また，同じ人でもその時折の心情によるので同じ行動にはなりません。その意味でも"応答的環境"としての「もの」の材質は重要で，心の動きにさまざまに対応してくれる「もの」が必要となります。紙も重要な応答的環境ですが，ポリエチレンでできた，小さい丸い突起が並んでいる緩衝材のシートをプチプチとつぶした経験があると思います。それも応答的環境です。そう考えてみると身の回りにある「もの」すべて応答的といえます。どんな素材がどのように変容したかという「もの」の形の変容ばかりでなく，紙とポリエチレンといった「もの」の質感も心の動きに連動しています。そうしたことを感じ取ることが

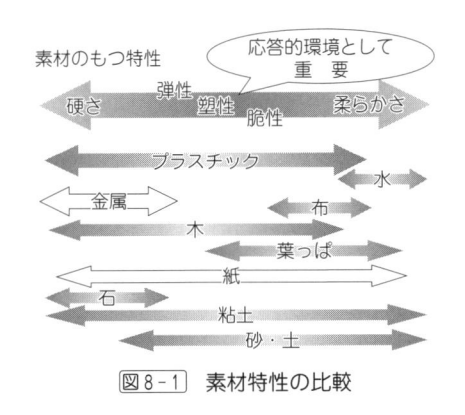

```
素材のもつ特性          応答的環境として
                            重 要
      ←――――――――――→
     硬さ  弾性 塑性 脆性  柔らかさ
      ←――――――――――→
          プラスチック        ←→ 水
        ←―金属―→    ←布→
        ←――――木――――→
              ←―葉っぱ―→
        ←――――紙――――→
        ←石→   粘土
          ←―――砂・土―――→
```

図8-1　素材特性の比較

「表現」を受け止めることだということを再度確認したいと思います。

　紙やポリエチレンに限らず身近にあるさまざまな素材のもつ質感やその特性は人の心とかかわっています。

　図8-1はそれぞれの素材の硬軟の幅をもとに並べたものです。その矢印が長いほど応答性が高いといえます。心の動きに寄り添うようにして素材のもつ性質が応答してくれます。まったりとした気分の時は心地よさを，激しい衝動の時はそれに呼応した抵抗感を示してくれます。そうした応答性によって人の気持ちが和らいだりすっきりしたりするのです。言い換えると人の"情動""情緒""情操"といった心の状況に呼応し，応答し，心の安定に貢献してくれるのが「素材のもつ応答的性質」です。

　子どもの育ちには応答性の高い素材が身近にあることが重要な理由は，言うまでもなく言葉にならない「表現」としての行動が保障できることです。さらにそうした環境のなかで自らの気持ちを吐き出したり伝えたりと，自分をコントロールすることも身につけることになります。

　また，応答的に変化してくれる素材（「もの」）の姿から子どもの「表現」を感じとり応答的に対応してくれる大人（親や保育者）の存在が重要です。そうしたわかってくれる人がいる環境のことを"応答的ひと環境"ともいえるでしょう（その意味から応答性の高い素材がある環境のことを"応答的もの環境"と言い換えてもよいでしょう）。

❷造形的思考力と「表現」②

　言葉にならない「表現」としての行動は"身振り化""音化""もの化"によって感じ取れることはすでに述べました。なかでも"もの

化"＝造形行動を通して「表現」を感じ取ることが可能になります。手の動き（ストローク）が直接痕跡となって残ることから，緊張した，楽しげな，不安な，意欲的な，などという気持ちがわかることです。その残るという意味から，クレヨンで描かれた痕跡から……，丸められた紙のしわの様子から……，何重にも巻かれた糸や紐の状態から……，何枚も重なっている接着テープからも，その時の子ども（大人も同様）の気持ち＝心の状態をくみ取ることができるのです。

　特に"描かれた痕跡"は容易に感じ取ることが可能です。自信にあふれている時と不安な時では描き方（書き方）が違う，という体験は誰もが体験していることと思います。「熱中して痕跡をつけている」と確認できれば，「集中して痕跡をつけたくなっている」という心の状態がある，と感じ取ることができるということです。また，描かれる材料によっても痕跡が変わります。

　しかし，同じ作品（行動）を目の前にしながら「表現」を感じる人と感じない人がいます。意識していないと見逃してしまうこともあります。

　特に自分の意思や感じたことを言葉で伝えることが未発達の子どもと接する時は，「表現」ということを意識して接することが重要です。また，未発達ではなく苦手な人にも同様な配慮が必要です。

　色もその時折の心情と深いかかわりがあります。往々にして大人は太陽は赤，空は空色もしくは青，木は緑といった概念が支配して決めつけていることがあります。その概念が当たり前になっていると，その人（子どもも大人も）の気持ちなど到底理解できないでしょう。

　逆に自分自身どんな時にどんな色を使いたくなるのかといったことを経験しないで大人になってしまうと，「表現」を理解することは困難です。そうした自分を見つめなおして感じ取れるようになる努力は，日頃の生き方（生活の仕方）のなかで変えることは可能です。たとえば，「今日はこの服を着たい」と思うことがあります。その時こそ自分の心と関係があることに気づきます。そうした日常生活から気づくことから始めるとよいでしょう。

　そうした心の動きを統計的にまとめたり，物理的裏付けを検証したのが色彩学であり，色彩心理です。しかし，赤色は○○，紫は○○といった決めつけた考え方では，人の気持ちを理解する手段にはならないでしょう。手の動きなど，行動と合わせながら「表現」を感じ取ることが望ましいのです。

❸造形的思考力と「表現」③

　造形的思考力のもう一つの側面について考えてみましょう。

　「表現」の「表」は表明，表示……，といった熟語からもわかるように「意思」を示しています。描いたりつくったりするときに，あらかじめ「〇〇を描きたい」と目的がはっきりしていることもあれば，描いていくうちに「〇〇だ」と決まることもあります。そうしたプロセス（経過）こそ造形的思考力です。描きながら，つくりながら素材と対話していることになります。

　その対話こそ，年齢や性別，興味関心，その日の体調などによって大きく異なり，そこから「表現」としてのテーマが生まれたりもするのです。

　そのなかで最も重要なことは"年齢にふさわしい"ことでしょう。3歳は3歳なりの育ちと生活があります。3歳児に5歳児のような生き方や考え方を押し付けてはいけません。造形的な思考も，年齢にふさわしい考えや行動が自信をもってできる環境をつくることが必要となります。

　大人たちの多くは「這えば立て，立てば歩め」と，子どもの成長に性急になりがちです。また，隣りの子どもと比較したくなるのも常です。子どもの描いた絵でもグチャグチャに描いてある絵より描いた形を見ただけでわかる絵のほうが育ちが早い，と思ってしまう傾向が強いです。そうした結果，描き方を教えてしまうことになっているのです。

　一回でも絵の描き方を教えられた子どもは，「描いて」と依頼心をもつようになります。主体的な世界を大事にした描画活動やつくる活動が，依存（依頼）心を育ててしまうことになるのです。

　グチャグチャに描いてある絵でも，子どもにとって意味をもつことはしばしばあります。グルグルとらせん状に描かれたり塗りつぶされていたりするグチャグチャの絵はよく「なぐりがき」と言われてきましたが，子どもたちは決してなぐって描いてはいません。描きながらイメージを広げて描き続けることもしばしばあります。そして「キリンさん描けた」などと教えてくれます。

　そうした時，どう対応してよいか戸惑うこともあります。しかし，しっかりとイメージをもっていることは確かなことですから，「キリ

ンさん，先生も動物園で見たよ，葉っぱ食べてたよ」とイメージに沿って話を広げていくことが，子どもの主体性を大事にしたかかわり方です。逆に「キリンさんなの？　キリンさんに長い足も描いてあげてね」と，言葉は優しいけれど「描きなさい」と指示を出してしまうことは望ましくありません。子どもの「表現」に応えるには，見えている絵を大人の尺度で理解するのではなく，子どもの意思に寄り添って聞くこと＝聞く耳をもつことが重要です。そのためにも子どもの描画発達の経緯をしっかり理解しておく必要があります。

　その描画発達を理解するとは，「3歳はこう描くの，4歳は……」といったように年齢にあわせて画一的に指導することではありません。一人ひとり発達も興味も異なるので，描く内容も描き方も一人ひとり違いがあります。その違いこそ個性です。

第4節 「結果主義」からの脱却

　特に「答えはひとつ」の価値観で考えていると「答えがさまざま」ではまとまりづらく，客観化できず困惑してしまいます。そうした様相が今日の社会の動向や教育界に反映しているともいえます。

　幼稚園や保育所の保育を見ていると不思議な共通点が見えてきます。母の日，父の日，七夕，お正月，おひなさまといった季節の活動，遠足，運動会，芋ほりといった行事の活動と，例をあげるだけで一年が終わってしまいそうになる，といった例です。年間の計画にもしっかりと書かれていて，そうした活動のアイディア集も毎月のように雑誌に取り上げられています。

　ここに子ども不在の保育があります。子どもの興味関心が，活動のきっかけであったり盛り上がる力になったりすることが保育であるはずなのに，例年通りの活動が繰り返されています。

　ここで大事なことは「子どもが主体的に生きる力をもてるように保育する」という目標からずれてしまう点です。

　「子どもに寄り添って」という考え方と，「教えなければ」という考え方が両方存在していることもあります。そうしたことを考えると"保育は二重構造"と，言わざるを得ません。

そうした二重構造は，現場に入ってからの問題ではありません。学生時代からそうした養成が行われている実態もあるのです。子どもの興味関心とは関係なく，手遊びや歌，紙芝居やパネルシアターづくりを台本通りにつくって練習してみたりすることも問題といえます。初めての体験であっても子どもの興味関心にあわせてアレンジできることこそ必要な能力なのです。そうした応用力こそ，保育を二重構造化させない方法であり，実際にさまざまな行事も，子どもたちの興味関心を保育のスタートとし，保育の盛り上がるきっかけにすることを可能にするのです。そして，それが一人ひとりの個性を大事にした保育を実現することになり，子ども自身も自信をもって意欲的に活動できる子どもに育ってくれると考えます。

第5節 表現はコミュニケーション

「表現」は，相互のやりとり＝コミュニケーションにほかなりません。そのコミュニケーションは新たな人間関係をつくっていくと先に述べました。それは造形活動を通した人との関係のなかにも多く見ることができます。

一人の子どもと「もの」との関係が充実してくるとそれは<u>「もの」とのコミュニケーション</u>ということができます。そうした子どもと「もの」と様子に刺激されて「やってみたくなる」ということは<u>子どもと子どものコミュニケーション</u>といえます。コミュニケーションにもこの2通りがあることがポイントとなります。特に後者の子どもと子どもの関係は往々にして"まねっこ"として，好ましいと思わない保育者もいます。しかし，見て影響されて，ヒントをもらってやってみるということは決して悪いこととは思えません。たとえば，砂場でドロドロのジュースをつくっていたとします。それを見て「おもしろそう」とやり始めた子がいます。すると初めにやっていた子は"共感してくれた"ことにうれしさを感じるはずです。また，後からやり始めた子は"仲間になれた"と感じるのではないでしょうか。そうしたやり取りがコミュニケーションでもあります。言葉で「入れて」ということだけが人間関係の育ちではなく，言葉にならないけれど，こう

した姿こそ，ほほえましい人間関係ではないでしょうか。その仲立ちになったのは"ドロドロのジュース"です。そのドロドロという素材の魅力を共有したことになります。造形の良さはそうした素材のもつ特性で共鳴できるところでしょう。ドロドロに共感できる心もちが2人の共通した心情であることは間違いないでしょう。

　ドロドロに限らず，さまざまな素材の特性が子ども同士を引き寄せ合っています。布の感触・箱の重なり・サラサラの砂・紙の破ける音・長くつながったひも，それらすべてが子どもと子どもをつなぎ合わせてくれます。

　子どもばかりでなく，大人も「もの」と出会い，さまざまな刺激をもらい，その時折の心もちで対応した体験があるから子どもの行動に共感できるのです。激しい気持ちが安らいだり，心を穏やかにすることもさまざまな「もの」とかかわるなかから自ら発見するものです。その発見があるからこそ共感する気持ちも大きく膨らむのでしょう。

　そうした「もの」とかかわり共感する人間関係は子ども同士，大人と子ども，大人同士にもあり，美術館での鑑賞も本当は作者と鑑賞者という人と人の関係のなかにあるのではないでしょうか。

　造形行動は他の表現行動と異なった側面があります。それは，感性の入り口の感覚器官を駆使すること，感性の出口の行動がさまざまに繰り広げられる個性が認められていることにあります。感覚器官も個性的なのです。

　それだけに自らが「感じ」，「考え」，「行動」できるという良さを十分に発揮し，その結果友達に認められることにつながる体験が生涯にわたって人として生きる力を獲得することにもなり，幼児期の造形体験は重要なのです。

さらに学びたい人のために

- 平田智久（編）『毎日が造形あそび――0～5歳児』学習研究社，2008年
「感じ」，「考え」，「行動」する…をキーワードに日常の保育のスナップを年齢や素材ごとに並べてみました。保育実践のヒントとしても役立ちます。さらに日常生活に潜んでいる「子どもの考え」を受け止める保育者としてのまなざしが磨けます。
- 幼少年教育研究所（編）『子どもとつくるスペースデザイン』チャイルド本社，1989年
子どもの興味関心から保育を行う意義やそのきっかけづくりのヒントが理解できる本です。保育者の指示でつくったり描いたりするのではなく，子どもが感じ考えることから保育が展開され，さらに人間関係が豊かに育つ環境づくりが学べます。

演 習 問 題

1. あなたの今日の気分は，どんな「もの」にどのように触れていると癒されるか（気持ちが落ち着くか）を試してみましょう。気分の違う日にもチャレンジして，その行動の違いに気づくことがねらいです。
2. 造形的思考力（pp. 121～123.）という考え方であなたの生活を振り返ってみましょう。絵を描くなどの行為以外にも，たくさん造形行動があることに気づくことがねらいです。

第9章

園環境が育む"子どもの感性と表現"

　本章では、"子どもの感性と表現"を育む園環境について具体例をもとに考えてみたいと思います。各園では、それぞれに園環境を工夫し、"子どもの感性と表現"を育む保育を展開しています。その園環境をつくるには、園長先生をはじめとする先生方の願いが背景にあるのは当然のことです。また、立地条件や地域・保護者・子どもの実態、園の歴史も絡んでいます。「こうしたい！」という願いや理想と、現実がかけ離れてしまうこともあるでしょう。けれども、保育実践の場では、さまざまな知恵を出し、工夫を重ねていくことで園独自の環境をつくっていくことができるのです。それらのことをここでは具体的に紹介し、"子どもの感性と表現"を育む園環境の構想および園環境を活かした保育の展開に役立てていただければと思います。

　本章は、①園の概要、②各園の園環境を活かした"子どもの感性と表現"を育む実践の紹介、③実践に対するコメントという構成にしています。

　他人事ではなく、自分だったらどうするかという意識をもって学んでいただきたいと思います。

豊かな園の環境は子どもや保護者から表現する意欲を引き出すのねっ
そして保育者の表現する意欲も…
園長がんばって!
もう少し左に!
すばらしい!その調子です!
これでどうっ?

第1節 ダイナミックな環境を生かした「かぐのみ幼稚園」

❶かぐのみ幼稚園の園環境

　かぐのみ幼稚園（逗子市）は，戦後間もない1948（昭和23）年，お寺の本堂を開放した文字どおりの寺子屋として誕生しました。3年保育を実施し，全体で7クラス計172名（2009年現在）の子どもたちが園生活を送っています。

　かぐのみ幼稚園は，「心身共に健康でたくましい思いやりのある子」「自主的意欲があり夢中になって遊べる子」「豊かな感性と表現力を持てる子」「イメージし，考え，行動する子」「仲間と協力して遊びや仕事のできる子」を教育目標に掲げ，遊び体験を通して一人ひとりの子どもが自己肯定感をもち，豊かな心と生きる力を獲得できることをめざしています。また，教育課程を編成するにあたっては，「自ら環境にかかわり遊びや生活を創り出していく意欲や態度を育てる」「直接体験を通して，美しいものや自然に感動する柔らかな感性を培う」「身近な人との多様なかかわりの中で，自分も人も大切にする心を育てる」ことを重視しています。これらの事柄を実現するなかで，かぐのみ幼稚園では自然豊かでダイナミックな園環境を生かした保育を実践しています。

❷ダイナミックな環境を生かした保育──園の実践紹介

　四季折々の美しさを見せながら，かぐのみっ子の成長を見守り続けてきた大きなイチョウの木がみんなを迎えてくれます。いちょうの木の横には色とりどりのモザイクタイルで飾られた階段があり，三方を山に囲まれた園庭へとつながっています。

　園庭に一歩足を踏み入れた途端に，子どもたちは「おもしろそうだな」「あれ，やってみたい」と自然に遊びを始めます。小高い築山と砂場，そこに無造作に置かれた鍋・釜・やかんなどの道具，どろんこの子どもたちは造形家や土木技師を気取り，その側では小さなお母さ

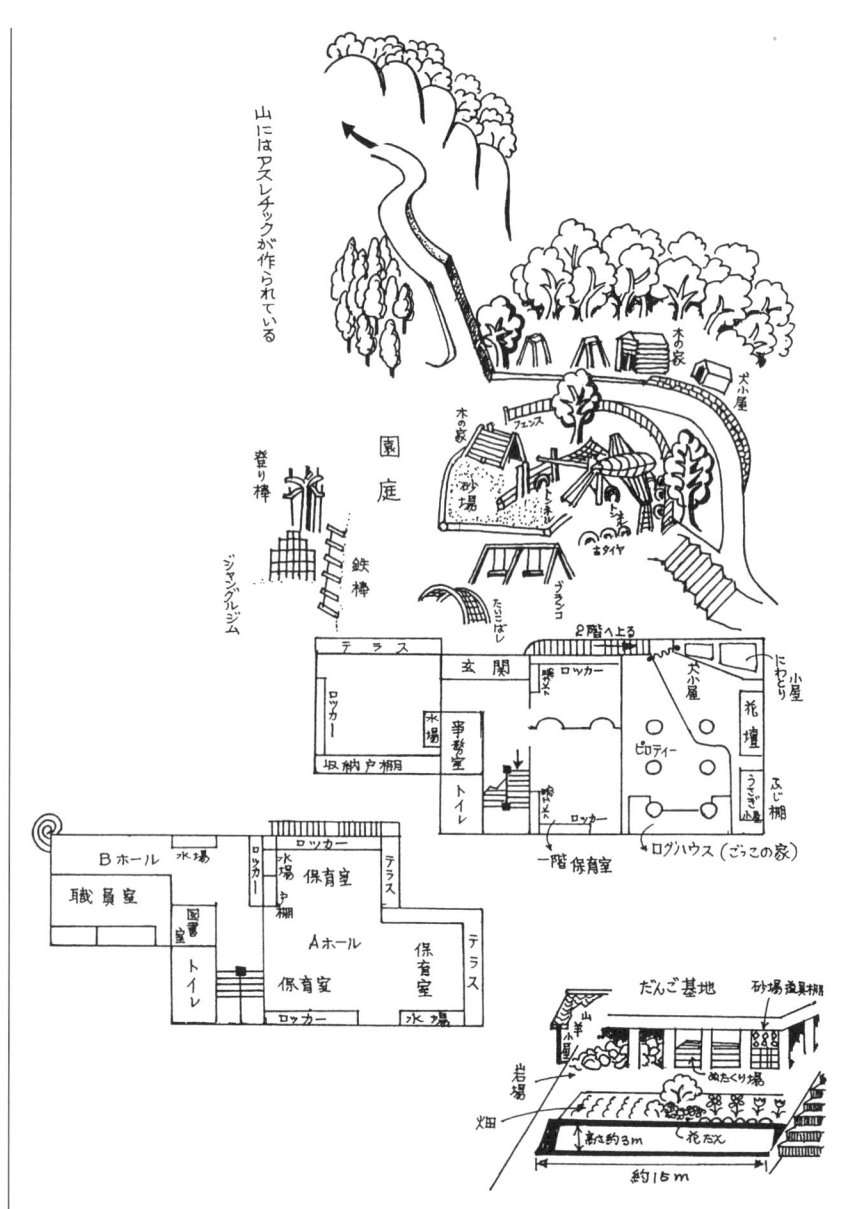

図9-1　かぐのみ幼稚園の園舎，園庭の見取図

んたちが美味しそうなお料理をつくって並べています。

　ログハウスや固定遊具の間をつなぐ太いロープや縄はしごに，ぶら下がったり，上ったり，歯を食いしばって全身の筋肉に力を入れながら挑戦している子ども，全神経を集中してバランスをとっている子ども，そこにはダイナミックな子どもたちの遊びがあります。

　中庭の真下の穴あき空間は，子どもたちにとって，とっておきの場所です。この狭い空間に潜り込み，固くてまん丸い泥ダンゴづくりに熱中したり，思い思いのごっこ遊びに興じたりするところです。この

写真9-1　木となかよしになっておどる

　場所を子どもたちは"ダンゴ基地"と呼んでいます。その奥には，ヤギやニワトリ，ウサギの小屋があって，一緒に庭で遊んだり散歩に行ったりする姿が見られます。どの動物も子どもたちの大の仲良しです。食事づくり，部屋の掃除など，すべて子どもたちが世話をしています。

　子どもの活動の場は，園舎から園庭へ，裏山へ，そして周辺の海，川，野原へと広がっていきます。子どもたちは，オープンで豊かな環境のなかで，伸び伸びと自分を発揮し，生き生きとした表情をみせています。

①裏山探険に行こう

　「裏山行きたいなぁ」「どんぐりたくさん落ちているだろうなぁ」という声が集まり，久しぶりに日差しが強かった12月のある日，みんなで裏山探険に出かけることにしました。「道のないような道を通ったり，坂がたくさんあったり，岩がでこぼこしているところを行くよ」と言うと，子どもたちは「楽しそう」「怖いなぁ」「行けるかなぁ」「道のない道ってどんな道なんだろうね」とワクワク・ドキドキしながらいざ出発です。

　最初は登りなれている道を「こんなの大丈夫」と言いながら，落ちているどんぐりを拾ったり，長い枝を見つけて杖にしてみたり，葉っぱのトンネルを通ったりと，余裕たっぷりに登っていきました。

　しばらく行くと，人1人がやっと通れるような狭い道になります。しかも落ち葉がたくさん重なった急な坂で，ツルツル滑ります。忍び足でそろりそろりと歩きました。今度は倒れた木が道をふさいでいて通れません。腹ばいになって倒れた木の下をくぐると，かえるのよう

写真9-2 ドキドキするけどたのしいね

写真9-3 大きな切り株見つけたよ

な形をした巨大な岩がありました。「危ないぞ，気をつけろ！」「おれが手を引っ張ってやるよ！」と励まし合い，助け合いながら岩をよじ登りました。みんな真剣そのものの顔つきになっていました。

　山から戻ると「楽しかった」「また行きたい」「また，どんぐり拾いたい」「木がたくさん倒れてた」「目玉の木があった」「お化けの木があったね」「かえる岩もあったよ」「大きなクモの巣があったね」「夜に行ってみたい」「暗くて何も見えないよ」「じゃあ頭に懐中電灯つけて行けばいいじゃん」など，それぞれ楽しかったことや発見したことを発表し合いました。くねくね道をドキドキしながら登りきった達成感と，イメージの世界をワクワクしながら楽しんだ充実感とで，みんなとてもいい顔をしていました。

②裏山に基地をつくろう

　今まで行ったことのない道なき道まで探険して，裏山がみんなの大好きな場所になってきました。3学期に入って間もない頃，絵本『おおきなきがほしい』を読み，「みんなはどんな基地がほしい？」と聞いてみました。「ここにすべり台つけよう」「この穴にはリスがいるんだよ」「鳥もあそびに来てくれるといいな」「エレベーターもつけてみたい」「このはしごにのぼって移動するの」とおしゃべりに花が咲き，イメージを描いてみることにしました（図9-2）。絵を描き終わる頃には「裏山に基地をつくりたい」というみんなの気持ちが高まってきました。翌日，裏山に出向き，実際にどこの場所につくるかを話し合い，木枠や木材の確認もし，次の日から基地づくりに取り組むことになりました。

→1　さとうさとる（文），むらかみつとむ（絵）『おおきなきがほしい』偕成社，1971年

第9章　園環境が育む"子どもの感性と表現"

図9-2　こんなのつくれたらいいなあ

(1) 基地づくりがスタート

　角材や板，木枠などの材料を裏山へ運び上げることからスタートです。最初に畑まで運び上げました。畑から頂上へ続く道は細くて急傾斜なので大変です。子どもたちが山道に一列に並び，バケツリレーの要領で運ぶことにしました。「おれ，重たいの持ちたい」「もっと運べるよ，持っていくよ」と木材や木枠を2人で力を合わせて運ぶ姿や，どうすればスムーズに運べるかよく考えて運ぶ姿が見られ，「あと少しだぞ，頑張れ！」と声をかけ合い，励まし合いながら運び上げました。

写真9-4　138段の頂上はみんなの基地

(2) 木材や板，木枠を組み合わせて

　それぞれが今までグループで経験してきた知恵を出し合いながら，自分たちのイメージにあった板や木枠を選び，組み合わせていきます。「この樹のまわりに基地をつくりたい」「はしごもつくりたいね」「板をきれいにならべれば，この上でお弁当たべられるよ」「このままだ

とグラグラするから釘でとめよう」。基地づくりスタート時の1・2学期の頃よりも意見交換が盛んになり，どんどんイメージが膨らみます。はしごづくりから始めた子どもたちは，「窓にもなる」「屋根と壁にもなるね」と話しながら釘を打ち始めました。「ここ押さえてるから釘打ってね」と役割分担をする姿や，「釘をもう1本打って2本にしたら丈夫になるよ」「薄い木のところを力一杯打っちゃったから割れちゃった」などと協力し合い，教え合う姿も見られます。薄い木は長い釘で打ったり力一杯打ったりすると割れてしまうことや，釘を打ちやすい木とそうでない木があることに気づき，長い釘と短い釘のどちらを使ったらよいのかも，今までの木工作の経験からさらに確かなものになってきました。

写真9-5　釘打ちって楽しいね

(3) 再スタート，役割分担も決まって……

　大雪のために中断してしまった基地づくり，「はしごづくり」「床づくり」「のこぎりで切る」「隠れ家づくり」の役割分担ができて再開しました。クラス全員で氷鬼をして，身体を温めて裏山に出かけましたが，それでも寒さが身にしみます。でも自分たちの基地をつくりたいという意欲が，そんな寒さにもめげずに頑張れる原動力になっています。

　それぞれのグループがつくり上げてきたものを土台にして，はしご形のものを紐で結びつけ，基地のイメージをより具体的なものとしました。板をもつ人と紐を結ぶ人とで協力し合いながら「しっかり結びつけないと倒れちゃうよね」と土台と床の木に紐を巻きつけ，何か所も結びつけて固定しました。「ここは，はしごを登った人が入ってくるから柵をつけておこうよ」「ここに柵をつけたら木のトンネルがで

きたよ」「木のトンネルだー。おもしろい」「このはしごの先に縄はしごもつけたいな」と，縄はしごやブランコもつくることになり，残りの木材や木箱も組み合わせて遊ぶ所もつくりました。日ごとに意欲が高まり，冬の一番寒い時期にもかかわらず「また明日もやろう」「続きをやろうよ」という言葉が聞かれました。「森の基地」という名前をつけるほど愛着のあるみんなの心の基地になり，遊び込む姿がみられました。園の友達みんなの「森の基地」になるように，看板をつくって，小さいお友達も呼んで案内していました。

写真9-6　代わりばんこにやろうね

写真9-7　トントンカチカチと音を森にひびかせて

(4) 子どもの育ちと保育者の役割

　今回の基地づくりでは，1つのテーマ（木と樹）に基づいて保育を進めてきました。子どもたちは木の葉を騒がす風の音を聞き，葉，枝，花，実などの移り変わりを感じ，木登りをし，木と親しみ仲よしになっていきました。また，木材や身辺材とかかわっていくなかでイメージを膨らませながら，ごっこ遊びを楽しみました。それらがベースになって基地づくりへと発展していきました。子ども自身が工夫し協力し合い，大変だったことも乗り越えて，充実感をもつことができたのです。

　保育者は，自分自身の基地づくりのイメージをもちながらも，子どもたちとの話し合いを大切にしてきました。1人ひとりのイメージや意見をしっかり受け止め，それを全体へ返してはつくり上げるプロセスを大切にしました。そうすることで共感し合い，みんなで1つの目的に向かってつくることができたのだと思います。何よりも必要なのは，保育者自身が自然界の素晴らしさを感じとる豊かな感性と表現力をもつこと，そして子どもと一緒に活動を楽しむことです。

③ダイナミックな環境とは

　幼児期にダイナミックな環境のなかで遊びを体験することの意味を

考えてみましょう。本来子どもたちは、固定されたものより、自分の手で自由に動かせるものに興味をもち、壊し、つくり、変化させて遊ぶことが好きなのです。たとえば砂場の他に、砂、土山、ガラクタ（木材、段ボール、粗大ゴミなど）広場を園庭に用意して子どもに任せてみると、思いがけない発想や大胆な遊びに広がります。

こうした子どもたちにとって、自然界こそダイナミックに活動できる最高の場所ですが、豊かな自然に恵まれていても、保育者のかかわりかた次第で、子どもたちの遊びに生かされない場合があります。

自然は素晴らしい教材の宝庫です。保育者が子どもの発想に共感し、意識して教材化することにより、子どもたちのよりダイナミックな活動が可能になるのです。

今回の"裏山に基地をつくる"活動では、
・自分の意志で自発的、主体的に活動を始める
・未知の世界にいどむ冒険心（チャレンジする心）が掻き立てられる
・自然のなかで感じ、考えたことを、表現し合い、仲間と協力してつくり上げる
・集中力、持続力をもち、活動を連続し、発展させる
・五感を使って遊び、身体を立体的に動かして遊ぶ

などの子どもたちの姿がみられました。

ダイナミックな環境を生かした遊びを通して、子どもたちは心をひらき、自由感をもち、興味、関心、意欲を育てていったのではないでしょうか。

この実践は、3年間の園生活のなかでの発達をふまえたさまざまな経験の積み重ねや、造形表現の体験を経た5歳児後半の姿です。保育は、長期間を見通した計画に基づいて展開されるものです。

❸かぐのみ幼稚園の実践からの学び

かぐのみ幼稚園の裏山の基地には、大人もおじゃましてもいいのでしょうか。もし、かぐのみっ子たちが「いいよ」と言ってくれるなら、ぜひ行ってみたいと思うほど、今回紹介された基地づくりの実践は、子どもたちがいきいきと取り組む姿と基地への思い入れが伝わってきました。

文中の写真にもあるように、基地づくりでは角材や板など、子どもの体よりも大きく重い素材が用いられています。こうしたダイナミッ

クな表現活動が継続して成立するためには，いくつかの保育の重要なポイントがあると思います。1つは，冒頭で紹介されていた園環境の豊かさです。とりわけ園庭から裏山にかけての屋外の環境は，起伏や遊具などをはじめとして，子どもの好奇心や意欲を刺激するものに溢れています。子どもは走り回っても，立ち止まっても，どこにいても，何か楽しそうなものに出会えそうです。

しかし，物理的な環境の豊かさだけで子どもの表現活動が引き出されるわけではないでしょう。子どもたちのなかに芽生えた具体的な興味や関心を見逃さない保育者の存在が重要です。基地づくりの実践は，子どもたちの「裏山行きたいなぁ」という声に応じて，12月にみんなで裏山を探検することから始まり，3学期になって絵本『おおきな木がほしい』の読み聞かせ後の「みんなはどんな基地がほしい？」という保育者の問いかけによって実現への一歩を踏み出しています。また，基地のイメージを言葉で表現するだけでなく絵にすることで，子どもたちの基地づくりへの意欲と期待を高める役割を果たしたのではないでしょうか。子どもたちが描いた基地の絵には，どれも大きな太い木にはしごや階段，エレベーター（？）などとともに複数の子どもが描かれており，裏山の探検で五感を通して感じた自然の手ごたえと，「友達といっしょ」に活動することの楽しさが表れています。表現は日々の自然や人とのかかわりと深く結び付いていることを示唆しています。

そして，実践の紹介の最後に「この実践は，3年間の園生活のなかでの発達をふまえたさまざまな経験の積み重ねや，造形表現の体験を経た5歳児後半の姿です。保育は，長期間を見通した計画に基づいて展開されるものです」とあるように，ダイナミックで継続的な活動が子どもの主体的な活動として成立するためには，それに至るさまざまな育ちの積み重ねがあってこそ，といえます。5歳児の後半になれば，自然と協力したり，継続的な表現活動が可能になるわけではありません。むしろ，そこに至るまでの子どもの多様な表現活動やそれにかかわる多様な経験を保障してきたかどうかが問われるのです。

なお，この基地づくりの活動は，幼稚園教育要領で重視されている「協同的な経験」に重なるものともいえます。その意味で，この実践には，子ども同士が協力して1つの目的意識をもって作品づくりを行うことが，保育の上でどのように実践されているかについての重要なヒントが詰まっているともいえるでしょう。

第2節 家庭との連携を大切にした「あゆみ幼稚園」

❶あゆみ幼稚園の園環境

　あゆみ幼稚園（横浜市）は，1955（昭和30）年の創立です。3年保育を実施しており，全体で5クラス計133名（2009年現在）の子どもたちが園生活を送っています。人間は，自然のぬくもりを肌で感じながら生活することが最も心地よく，特に幼児期には大切なことと考えて木造の園舎にしました。起伏に富んだ園庭（三段にスペースが分かれている）は，草や樹に恵まれ，子どもたちの生き生きした遊びを誘います。園庭にある畑も，ウサギやカモ，チャボ，そして虫たちも，人間らしい心を育むために大きな役割を果たしています。

　園内環境としては，日常的に子どもたちが描いた作品や立体造形などが展示してあります。その他，芸術家の作品も，季節に配慮しながら絵画・版画・彫刻などをさりげなく展示することを心がけています。保育界の慣習になっている保育者手づくりの折り紙の装飾やお誕生表を展示することは環境としての価値を感じませんので，ずっと以前にやめましたが，季節の生花を飾ることは心がけています。

　また，保護者をはじめ，多くの人とのかかわりを大切にしながら創設以来「教育の指標」を以下のように掲げ，子どもの育ちの保障を心がけています。

　　・恵まれた自然や多くの人々とのふれあいを通して，人間らしさの

写真9-8　あゆみ幼稚園の園環境

第9章　園環境が育む"子どもの感性と表現"

図9-3　あゆみ幼稚園の園庭マップ

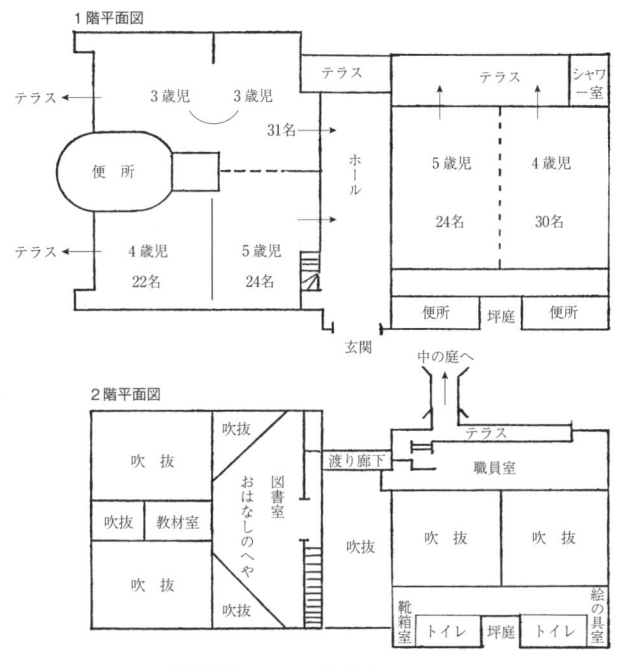

図9-4　あゆみ幼稚園の平面図

写真9-9 おちばがくれた遊び

写真9-10 「チャボと遊んであげてるの」（4歳児）

　　基礎を培う。
・表現活動を通して，個性を伸ばし豊かな感性と創造力，表現力を育てる。

　表現活動とは，描く，製作するということにのみ注目しがちですが，表現の幅は大変広く，話す，歌う，踊る，友達と役割分担した劇遊び，ごっこ遊びにも目を向ける必要があると思います。そして，表現の背景には，豊かな遊び・生活（人やモノとのかかわり）が保障されていなければならないと考えています。環境とかかわり表現に至るプロセスを大切に，保育を展開したいと考えています。

❷家庭との連携を大切にした保育──園の実践紹介

①共に育つために

　入園の日が近づくと，新入園の保護者を招いて，園生活のスタートにあたって共通理解しておきたいことを伝える日を設けています。
　その集いの，園長からの第一声は「みなさま，ご入園おめでとうございます」です。両親をはじめ，保育者，園児が共に育ち合っていくのが幼稚園であること，園と家庭が車の両輪の如く足並みを揃えて学び合ってこそ，子どもたちの育ちが実現されることを知ってほしいと思うからです。次に，園長をはじめ保育者，事務職，保育助手もすべてファーストネームで呼び合うこともつけ加えます。学校法人の理事長，園長などの職名は，公の書類以外は必要のないものと考えてのことです。

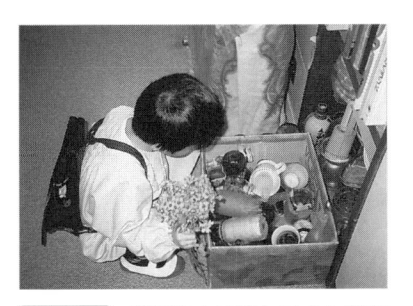

写真9-11 登園途上で摘んできた野草「どの花びんに生けようかな？」

写真9-12 畑に生えた野草を切ってお母さんのおみやげに

　若い保育者も，人生経験を重ねた人も，それぞれに，子どもたちと共に育ちあっていくためには職名は不要です。それぞれがふれあいながら，教え，教えられる教育の場であってほしいと願っています。大人として子どもに伝えていかなければならないことも，たくさんあります。でも常に人としての謙虚さはもちつづけなければならないと思います。先生とはいっても，子どもたちより先に生まれたに過ぎないのですから。

②かかわりを深める親子の登降園

　幼児期に大切なのは，その発達に見合った生活を守る保護者の愛情です。

　保護者と手をつないでの登降園の途上には，心なごむ会話もあるでしょう。四季折々の自然の変化に足を止めたり，野草を摘んで園にもってきたり，雨や風，時に雪道を味わったり，交通ルールを覚えたりと，登園途上での学習はたくさんあるのです。

　こんな登降園をできるのは長くても3年間です。昔の童謡に「雨々降れ降れ母さんが　じゃのめで（昔の傘は蛇の目傘といいました）お迎え嬉しいな……」とあるように，降っても，照っても，母親のぬくもりを期待して待つ子どもにしてあげたいと，常々思っています。

　あるタレントさんが「子どもにとっての幸せは，親と一緒に居ることなんです」とPTA新聞に書いておられましたが，まさにそのとおりだと思います。

　ある朝，珍しく遅刻してきた母子に「どうしたの？」と聞いたら，

写真9-13　写真9-14　お父さんと遊ぶ日

写真9-15　床の板目にそって拭く
（大掃除4歳児）

「登園途中に柿の実がたくさんなっているのを見つけて2人で数えていたら遅くなってしまいました」とのこと。「とてもすてきな遅刻ね」と共感したこともありました。こんなふうに，園の往復には思いがけない学びの場があるのです。

③家族の保育参加

　当園には，参観日はありません。大人に囲まれたなかで，保育者も子どもも緊張感に満ちて，見せるための保育を行うことは大変不自然なことですので，あえて「保育参加」としています。父親，母親，祖父母も，時間がとれれば，一言「今日は，保育参加をさせていただきます」と，職員室に立ち寄ってその旨を告げ，めざすクラスに加わってもらいます。時に子どもと一緒に踊り，歌い，時に保育者の助手的な役割を果たしつつ，子どもとは，保育とは，を肌で感じることが大切だと考えるからです。あえて我が子には手や口を出さない，というルールになっています。広い視野に立って保育を学んでほしいからです。父親が参加すると，子どもたちは大喜び。女性とは一味違う遊びをしてくれるからでしょう。祖父母の方たちは，昔遊びを教えてくれたり，母親も担任に代わって紙芝居をみせてくれたりと，和気あいあいのひとときです。また，クラスを3分の1くらいに分けて，職員室で園長を交えてフリートークをする火曜懇談会も，お互いを知り合う

楽しいひとときです。終わると子どものクラスに帰って一緒にお弁当を食べる人もいます。

その他,「お父さんと遊ぶ日」「お父さんと歩く会」など, 日曜日に磯遊びに行ったり, ハイキングをしたり。運動会は, 準備から片付け, そして父親や母親も卒園生も, それぞれが出場するプログラムを組んで, みんなで創る運動会のありかたを工夫しています。

学期末の大掃除は, 午前中は子どもと保育者で, 雑巾をゆすぐ, しぼる, 拭くを中心課題として, 環境をみがき, 午後は, 母親と保育者, 時には父親の有志の人が手伝うなどして, みんなの力を寄せ合って一学期間使った生活空間に感謝しながら働きます。家庭ではあまりしない雑巾をゆすぐ, しぼる, 拭くの課題は, 子どもにとって大変喜びと誇りを感じる活動のようで, 床のみでなく椅子の足まできれいに拭いて満足感をおぼえるようです。

❸あゆみ幼稚園の実践からの学び

あゆみ幼稚園は, 現園長先生が戦争体験を経て, 幼児教育の大切さを実感されて設立された園です。教育の指標にもあるように, 恵まれた自然と多くの人々とのふれあいを大切に, 園の保育を展開しています。また, 子どもの感性と表現が, 豊かに育まれる保育の環境を丁寧に整えています。段差のある園庭は, 高低の場所によって眺めが変わるのを楽しみ, それぞれの場所における居心地の違いを子どもなりに味わっているようです。かつて倉橋惣三がその作成にかかわった, 戦後初の保育内容の基準である「保育要領」(1948年) と, まさに重なるものがあります。人工化された平面的な住居環境のなかで育つ現在の子どもにとって, あゆみ幼稚園の高低のある園環境は大変価値ある空間となっているのです。園庭に植えられた草や樹は, 四季折々にその姿を変化させ, 子どもたちの生活に安らぎとよろこびを与えています。たとえば, 飼育しているウサギ, カモ, チャボなどとの日常的な生命とのかかわり, 冬眠から覚めたヒキガエルとの季節を巡る出会い, 園庭の梅の実を使って梅ジュースづくり, 年齢に応じて育てる畑の作物等々。生身の身体と園環境との自然なかかわりから, 豊かな感性と表現が育まれる保育が展開されているのです。

さらに, あゆみ幼稚園では, 多くの人々とのふれあいを視野に保護者も巻き込んだ保育を心がけています。「みんなでみんなの子どもを

育てる」ということをモットーに，園と家庭，そして家庭同士の連携も密になっていくのです。そこでは，園児を中心に，保護者・保育者が共に育ち合うという考えをもとに，保育参加を計画に入れ込んでいます。大人である保護者とだからこそ，ダイナミックな遊びが生まれたり，環境とのかかわり方もさまざまに提案してくれるのでしょう。同時に保護者も，忘れていた子ども心を取り戻し，日常の生活に潤いと変化を感じていくのでしょう。もう45年もつづいている「お母さんと子ども展」では，我が子の描いた絵を刺繍して親子の作品として展示する取り組みがあります。子どもが描いた線をたどりつつ，刺繍をしていくプロセスは，子育ての喜びをかみしめるひとときです。子どもの作品に良し悪しという評価をつけるのではなく，針を進めながら子どもの作品を鑑賞し，読みとっていくのです。その過程で，我が子が描こうとした内面を汲み取ったり，表現のおもしろさに気づいたりしていくのです。そして，最終的に親子の作品として家庭に飾られるのです。表現することの楽しさと難しさを実感するからこそ，互いの作品を鑑賞し合えるのだと思います。園長先生の人生の重ね方が，この園にかかわるすべての人々の感性を豊かに育んでいるのだと感じます。

第3節 豊かな自然環境を生かした「中瀬幼稚園」

❶中瀬幼稚園の園環境

　中瀬幼稚園（東京都杉並区）は1966（昭和41）年に開園しました。年少，年中，年長の各2クラスずつあり，1クラスの園児数は20名前後で，全体で約120名の子どもたちがいます（2009年現在）。

　中瀬幼稚園では，「自然環境を保育に生かし，動物や植物を育てるという生きた体験を生活の核として，知的教育を営まんとする」という保育指針のもと，「諸手段を通して，社会に出て様々な出来事に対処していかれる人格基礎を培う」「自然とのふれ合いの中で，思いやり，感謝する心など，豊かな人間性を育てる」「豊かな環境の中で様々な活動を通して意欲を育てる」ことを教育目標にしています。

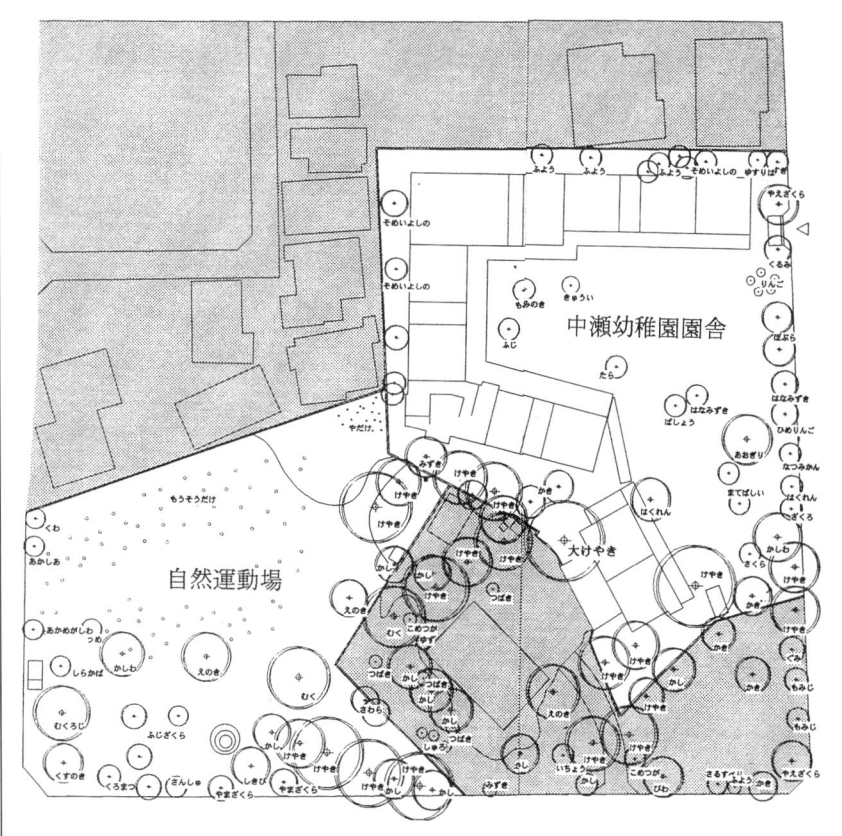

第9章 園環境が育む"子どもの感性と表現"

図9-5 園の見取図

写真9-16 正門より園舎へ通じる木道

　中瀬幼稚園の園環境は，樹木をはじめ草花などが点在しています（図9-5，写真9-16）。また，大きな山や小さな起伏があり，子どもたちが遊びたくなるような，変化に富んだ園庭ということがいえるかと思います。

　この園庭は，子どもの遊び方を読み取りながら，少しずつ少しずつ，お母さんたちの手も借りながらつくってきました。

　園庭は平坦，単純であるよりも，複雑である方が，子どもたちの心

151

だけでなく，体をも育てていくのではないかと思っています。

　この園庭も，時とともに樹木が大きくなったり，草が茂ったり，土が流れてしまったり，変化していくことでしょう。そうした変化することが子どもにとってよいことなのです。その変化に出会い，対応していくことも保育であると私は思います。

❷豊かな自然環境を生かした保育──園の実践紹介

①なぜ植物なのか

　環境とは，その園の保育観が具体化されたものです。ですから，保育室や園庭を見渡せば，その園でどのような保育が営まれているのか，想像ができるのではないかと思います。

　では，豊かな自然環境とはどういうことでしょうか。植物を柱にして，いくつかの事例もあげながら，考えてみましょう。

　なぜ植物かといいますと，そこに住む虫やウサギなど小さな生きものたちにとって，その住み心地は，土の状態はもちろんのこと，植物によっても左右されるからです。土がよい状態で，植物が元気であれば，そこに住む小さな生きものたちも，私たち人間も，元気でいられるはずです。そして，私たちの心を安定させてくれるように思います。中瀬幼稚園でも，草や木が増えた頃から，子どもたちが何となく落ち着いてきたように感じられます。

写真9-17　水のなかの草や小さな生きもの

②子どもたちの過ごす庭は庭園ではない

　子どもたちが過ごす庭は，庭園であってはいけません。眺める花壇や樹木は必要ですが，摘むことのできる草花，分け入って虫などを捕まえることのできる草むら，登ることのできる樹木が必要です。

写真9-18　お母さんたちも参加して庭づくり

　そして，保育者と子どもたちが，ときには父や母も一緒になって，その手入れをする経験ができたら理想的です。手入れをしながら，まずその植物の名前，そして，種の蒔き方，水のやり方，雑草の抜き方などを知ることができるでしょう。自分たちで手入れをしたものがきれいな花をつけたときや，おいしい実がなったときは嬉しいものです。

　自分で世話をしたモノには愛着が湧き，大切にします。昨今の子どもたちは，世話をされることには慣れていますが，世話をする経験が少ないといわれています。ですから，植物を育てたり，手入れをする経験は大切なのではないでしょうか。子どもたちや，そこで過ごす者を，きれいに咲いた花を眺めるだけの，お客様にしてはいけないのです。

③安全すぎるのでなく

　安全な植物ばかりでなく，洋種ヤマゴボウやイヌホオズキなどの多少毒性のあるモノも必要です。洋種ヤマゴボウの実を潰して染め紙などをして遊んだ後は，石けんで手を洗うことを伝えればよいし，タラの木やノイバラのトゲには注意することや，ススキの葉は手を切りや

写真9-19　洋種ヤマゴボウで染めちゃった

写真9-20　ヨモギ団子をつくる 　　写真9-21　大きなお鍋で野草のみそ汁

すいので，気をつけることを伝えればいいのです。

　その反対に，春の野草のなかには，食べるとおいしいものがたくさんあります。ヨモギ団子や，ハコベ，ノビル，ハルジオン，ヒメジオンなどを摘んで野草のみそ汁などを食べる経験ができるといいですね。

　あまりに安全であっては，子どもたちの危険を避ける力が育たないでしょう。世の中には危険なモノもあることを，幼児の発達にあわせて伝える必要があると私は思います。

④環境との多様なかかわり方

　たくさんのドングリを，たき火のなかに一度に入れてしまったことがありました。少しすると，パン，パーンと，すごい勢いではねて溝に跳びました。ギンナンがはねたときよりも凄まじい勢いでした。クリだったらもっとすごいんだろうなぁと，さるかに合戦の話を思い浮かべてしまいました。いくつかはねてから，1人の男の子が「ドングリは怖いもんだなー」と言いました。すると，他の子どもたちも同感だったのか，「そうだ，ドングリは怖いもんだ」と言い始めました。

　このことがなければ，子どもたちにとってドングリは，時にはゾウ虫の幼虫が出てきたりはしますが，転がして遊んだり，コマをつくっ

写真9-22　火を囲んで

写真9-23 なかに虫がいるかもしれない

て遊ぶおもしろいものでしかなかったでしょう。

　園庭には，伐採した太い枝が隅に積んであったり，切り株などを点在させてあります。数年たつと朽ち始める木が出てきます。朽ちかけた木は，なかがボロボロとして柔らかく，子どもたちは木の枝などを使って穴をあけたり，手でむしったりしています。なかから冬眠中のハサミムシやダンゴムシ，また，小さな幼虫が出てきたりすると，もっといないかと夢中でむしり続けます。

　このような遊びをしたからでしょうか，枝木をたき火のなかに入れるときは，なかに虫がいるといけないので，確かめてから燃やそうと，子どもたちのなかで話題になったことがありました。

　これは1つの例ですが，子どもたちはモノといろいろな形でかかわることにより，そのモノの知識を1つずつ増やしていくように思います。この子たちの心のなかには，「木は堅い」と同時に，「木は柔らかい」という概念も同居していくことになるのでしょう。

　少し大袈裟な言い方かもしれませんが，モノと多様なかかわり方をすることは，物事を多面的に見ることへの芽を育むことになるのではないでしょうか。

　土についても，火についても同じことがいえます。土はいつも黒々とした状態ばかりではなく，乾いて埃っぽかったり，ぬかるんで困ることもあります。寒い朝には，朝日にキラキラ光る霜柱が立ちます。

　それ自身が変化して，多様な面を見せてくれるモノとの多様なかかわり方を，考えていきたいものです。

⑤**植物と付き合うルール**

　子どもたちは，草花を摘むことが大好きです。飾るために，蜜を吸うために，色水をつくるために，飼っている動物の餌のために……。

写真9-24 春の庭で摘み草

そのようなときには「ごめんね」とひとこと言ってから摘ませてもらおうね，と子どもたちに話しています。生き餌を食べる虫たちを飼っているときも同じです。アブラムシやコバエにも「ごめんね」と言ってからカマキリなどに与えるようにしています。私たちが食事の前に「いただきます」と言うことと同じだと思います。

また，園庭には，クローバーや芝などを生やして土が流れないようにしている山があり，その山の草をとても大切にしています。小さな虫たちのすみ家にもなっていますので，この山に入るときも，「おじゃましまーす」と言ってから，柔らかな草を傷めないように，靴も靴下も脱いで裸足で入るようにしています。すると，子どもたちは，春の草の柔らかさ，夏の草の固さ，秋の枯れ草のチクチクとした固さを感じるようになってきました。

その他，ノビルなどをとるときも根こそぎ全部とってしまわないこと，必要なだけとることなど，なかなかできないことですが，大人が地道に伝えていかねばならないと思います。

写真9-25 草むら

第9章　園環境が育む"子どもの感性と表現"

写真9-26　タンポポの綿毛

写真9-27　ススキのなかで

　また，園庭には，第1回目の卒園記念のアオギリの木があり，子どもたちがお世話になっています。木は地上に枝を広げた広さだけ，地下にも根を張るといわれていますが，このアオギリもやはり，その根本からかなり遠くへと根を広げているようです。

　あるとき，根本から少し先の水場へ向かって伸びている根を4歳児の子が見つけ，そのときはアオギリの根と気づかなかったので，私も手伝って，次第に細くなっていくその根を掘り出していました。やがてアオギリの根と気づき，「喉が乾いて，ここへお水飲みにきたのかもしれないね，埋めとこう」と言うと，その子は納得し，今度は埋めにかかりました。しばらくしてここに「ほらないでね」の看板を見つけました。そして，それから10か月たった3月のこと，ある母親からこんな報告を受けました。公園で遊んでいたところ，その子が，「大変だー，小学生の大きいおにいちゃんが木の根っこを掘ってるー」と母親に知らせにきたとのこと。その母親が，木の根は大切で掘ってしまうと木が枯れてしまうことを小学生に話すと，「そうなのかー」と知らなかったようで，素直に埋めはじめたということでした。大人たちが伝えなくてはいけないことが，たくさんあることを感じました。

　また，「木に登るときや木の実をとるときは木に優しくね」（ちょっと矛盾してますが）と子どもたちに話しています。

　園庭には，とても登りやすく枝を伸ばしたセンダンの木があります。センダンは丈夫なので子どもたちが10人以上乗っても折れることはないと思いますが，子どもたちがルールをつくりました。「センダンの木は4人まで！」。これも，今までの小さな出来事の積み重ねのなか

で，木への心遣いが育ったことなのかなと思います。

⑥木は生きている

　枯れた木は，冬の寒い日などに，枯葉と一緒に燃やしてたき火に使います。よく枯れた枝は，ポキッといい音がして，簡単に折れます。しかし，まだ生の木，生きている木は折れにくいのです。

　子どもたちはここでも，木を通して，「生きているのか死んでいるのか」を考えます。しなるばかりでなかなか折れない生きている木の感触も，手を通して伝わってきます。よく見ないとわからないような芽の出ている枝も，「まだ生きてるからかわいそう」と言って，子どもたちはたき火には入れません。自分の保育室の花瓶に挿し，春がきて緑の葉が萌え出るのを待っています。ある年，このようなガラス瓶が，保育室にズラリと並んだことがありました。

　豊かな自然環境とは，「たくさんある」ということではないということが感じられたでしょうか。ここでお伝えした事例は，私の園のなかで起こったほんのわずかな例ですが，そのような出来事が生まれるような場所でありたいと思います。そして，そこで生まれた小さな出来事を丁寧に紡いでいくことが生活であり，保育であると思います。

　私は，園は小さな地球でありたいと考えていますが，日本の国土ということにまで遠くに視点を置くと，植物は決して単一ではありません。複雑で多様で，そしてそこに豊かな生態系が浮かび上がってきます。園庭は，できればそんな日本の国土を小さくした状態に，少しでも近づけたいと思っています。そんなことも頭の隅に置いて，環境について考えていきたいものです。

写真9-28　園庭の木陰で

❸中瀬幼稚園の実践からの学び

　幼稚園教育要領の領域「環境」や「表現」でも指摘されているとおり，幼児期に自然と直接ふれあう体験が，感性を豊かにし，豊かな感情，思考力，表現力などの基盤となります。中瀬幼稚園の実践は，子どもにとっての「豊かな自然環境」とはいったいどのようなものなのかを，実践に即して具体的に考察したものとなっています。「豊かな自然環境とは，『たくさんある』ということではない」という言葉に端的に表れているように，保育における自然環境とは，単に草花の種類の多さや土の地面の広さといった「量」の問題ではなく，そこで子どもがどのように自然とかかわり，どのようなことを学ぶかという「質」の問題であることが，ひしひしと伝わってきます。

　子どもが自然物と多様な形でかかわることを重視しており，子どもたちは多様にかかわりながら，多様な学びを得ています。文中の写真はどれも子どもたちが自然物にふれ，かかわっているものです。これらの写真を見るだけでも，自然物とのかかわりがいかに多様であるかがわかります。

　たき火のなかではねてとびだすドングリから「ドングリは怖いもんだなー」という子どもの学びは，遊びのなかで多様に環境にかかわるからこそ体験できたものであるといえます。また，植物の性質や昆虫の生態といった科学的知識と，植物や昆虫を人間と同じように命ある存在としてとらえいたわる気持ちなどの情操面の育ちが一体となっていることを改めて認識させてくれます。

　また，中瀬幼稚園では，「あまりに安全であっては，子どもたちの危険を避ける力が育たない」として，子どもが自然とかかわる際にあらかじめ危険を避けるのではなく，子どもの育ちに応じて危険の存在を伝えながら，危険に対応しながら自然とかかわることに留意しています。本来自然とは，人間の意のままにはならない「怖さ」を含んだものであるはずです。その意味で，危険を「避ける」のではなく「伝える」姿勢は，自然とは何かという保育者の深い洞察および自然観の上に成り立っているものであるといえます。それは保育者の保育観とも通じ合って，子どもの育ちにとって必要な自然との出会い方とかかわり方をデザインしていくことになるのでしょう。

　自然とかかわる子どもたちの姿からは，文字どおり「自然に」身近

にある自然環境とかかわり感性を育んでいる様子が伝わってきます。しかし同時に，その姿は「自然に」成し遂げられるものではなく，その背後にある保育者の細やかで，かつ発達を見通した丁寧なかかわりによるものであることを忘れてはならないといえるでしょう。

第4節 子どもの多様なかかわりを重視した「ゆうゆうのもり幼保園」

❶ゆうゆうのもり幼保園の園環境

　「ゆうゆうのもり幼保園」(横浜市)は，2007年4月に認定こども園として出発しました。「子どもにとって」の視点を失わず，子ども同士がかかわり育ち合っていく楽しさが保護者や地域社会にも広がっていく施設づくりに取り組んでいます。保護者のみならず，地域の人々，学生ボランティアなどの多様な人，豊かなモノや空間とのかかわりを大切に，保育を構想しています。室内環境としては，子どもたちが主役の「子どもの居場所」づくりを心がけています。たとえば，子どもの隠れ場所を豊富に設けたり，2階と屋根裏部屋をつなぐ巨大ハンモック型遊具を設置したりしています。しかし，子どもたちにとって居心地のよい場所は，必ずしも大人にとって管理しやすい場所ではありません。そこで，園舎を使いこなすには「保育者が子どもとどうかかわるか」ということが以前にも増して重要であると考え，保育を展開しています。

　屋外環境としては，段差のある園庭に，遊環構造をもった巨大木製回廊型遊具を設け，園庭をぐるりと一周できるようにしています。一周するなかで，高低の場から自然との多様なかかわりを楽しめるようにしています。

❷子どもの多様なかかわりを重視した保育
　　　──園の実践紹介

①園環境と多様にかかわる子どもの表現

　園舎は3階建てとなっていますが，その中央は吹き抜けとなってい

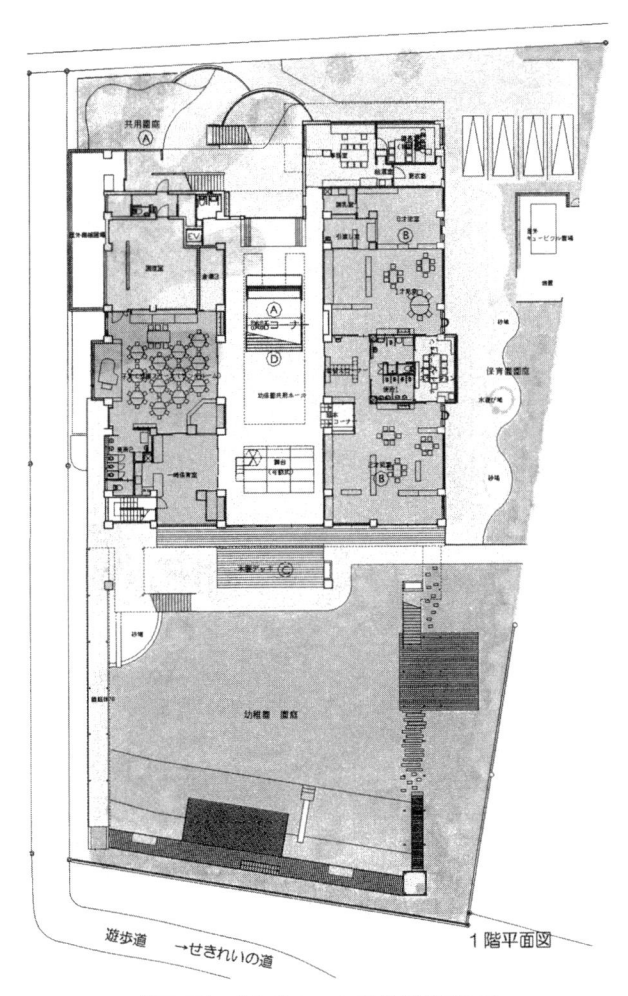

第9章 園環境が育む"子どもの感性と表現"

図9-6 ゆうゆうのもり幼保園平面図

て，巨大ネット遊具があります。このネット遊具では，ダンボールで滑り降りたり，綱引きの綱を張ってぶら下がったり，のんびりしたり……とさまざまな遊びの空間として子どもたちに親しまれている場所です。

写真9-29は，表現の一環として『ジムとまめの木』[2]を題材に年中組が行った活動の一場面です。

1階から2階にかけて，子どもたちが描いた大きな豆の木がそびえたち，その上のネットを雲に見立て，紐や新聞紙の棒を使用して雲の上の世界をつくっています（この写真は2階から3階にかけての部分を写したものです）。一人ひとりのイメージは多様で，色紙を使って葉っぱをつける子や，より太い幹をつくるために，何本も何本も新聞紙の棒を束ねる子，なかには新聞紙でできた森のなかでサルになりきって遊

➡2 レイモンド・ブリックス（著），矢川澄子（訳）『ジムとまめの木』評論社，1978年

写真9-29 表現活動の様子　　写真9-30 忍者ごっこ

ぶ子もいました。

　このネット遊具は，他にも忍者ごっこなどでも使われます。ネットならではの不安定な足場が，子どもたちの創造力を掻き立てるのか，地震の術や津波の術など，さまざまな忍法を開発しながら遊んでいます。また，高低があることで遊びが柔軟になる部分もあります。写真9-30は，忍法炎の術といって，子どもが下を通るのに合わせて赤いポンポンを落としているところです。赤いポンポンを壁とネットの間にあらかじめ30個ほど仕込んでおいて，一気に落としています。この遊びは，忍者ごっこから忍者屋敷となり，お客さんを呼んできてはお客さんの頭の上に火に見立てたポンポンを落として楽しませてあげるという遊びに発展していきました。

　ゆうゆうのもりの園舎のなかには，大人には少し狭い空間がいくつかあります。この空間，実は子どもの背の高さにぴったりです。

　私たち大人にとっては入りにくかったり使いにくいと感じることもある空間ですが，子どもたちにとっては自分たちが主役と感じられる空間となっています。

　写真9-31は1階の螺旋階段の下にあるちょっとした空間です。この空間は，ままごとのおうちとして使うことが多いのですが，写真9-31では海ごっことして，青いマットを海に見立てて遊んでいます。すずらんテープや青いマットを使って自分たちなりの海をつくった子どもたち。居心地の良いマットの上でゆったりとしながら，人魚になりきって友達との会話を楽しんでいます。子どもたちがほっとできる空間となっています。

　狭い空間は3階の各保育室の上にもあります。各クラスの遊びの状

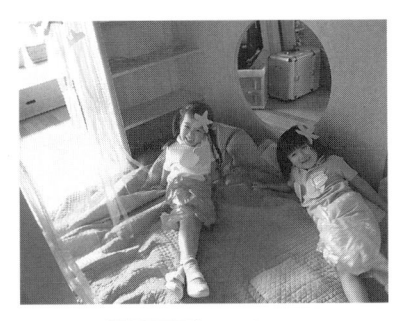

第9章　園環境が育む"子どもの感性と表現"

写真9-31　海ごっこ　　　　　写真9-32　お化けごっこ

況によりさまざまに変化する通称ロフトといわれる空間です。このロフトは，大人が通るのには狭すぎるはしごで保育室から上がっていくことができるのですが，子どもたちの遊びには欠かせない場所です。写真9-32は，年少の子どもたちがお化けごっこをしているところです。保育者につくってもらったピンク色のカラーポリ袋を衣装に，頭には新聞紙でつくった覆面をかぶっています。大人には動くのが一苦労の狭い空間でも，子どもは自由に動き回れます。このお化けたちは，保育者をお化け屋敷に呼んでは，みんなでコチョコチョをしたり，怖い声を出して驚かせたりして楽しんでいました。

　1階と2階をつなぐ大階段も子どもたちの遊び場になります。幅の広い階段は集まるときにちょっとしたベンチの代わりにもなりますし，この階段の裏側は，ままごとなどで活用しています。写真9-33は，結婚式ごっこをしているところです。階段の上から新郎新婦が降りてきます。新婦のベールを後ろでもってあげる子や誘導をする子など，自分たちの結婚式のイメージを出し合いながら，何組ものカップルが誕生しました。

写真9-33　結婚式ごっこ　　　　　写真9-34　水遊びの様子

写真9-35 ゆうゆうのもりの築山

　園庭にもさまざまな環境があり、回廊や坂などがあります。回廊は鬼ごっこなどでは格好の逃げ場になっており、上から広場を見ながら逃げたりします。夏の時期には、プールに向けてホースで水をかけて雨を降らせたり、ビニールプールにためた水を一気に流して滝をつくったり、さまざまな遊びに生かされています。

　写真9-34では、回廊の上から下に流しそうめんで使った竹をかけ、水を流しています。最初は水を流していただけでしたが、だんだん葉っぱや砂なども流し始める子どもたち。下では水にふれたり、流れてきた葉っぱを取ってままごとの料理の材料にしたりと、そこから遊びが広がり始めました。

　園庭にある築山も子どもたちの大好きな遊び場の1つです（写真9-35）。この築山では、水を流して川をつくったり、アリの巣を観察したり、鬼ごっこのタンマ場（休憩所）に使ったりしています。

　この築山の土は粘土質なのですが、泥団子にするには最高の土です。子どもたちのなかでも築山の上の土と真ん中の土を使い分けており、泥団子の土は上、団子を磨く白砂は真ん中など、それぞれのこだわりをもって遊んでいます。

②**発表会にみる子どもの表現**

　ゆうゆうのもり幼保園では、2月に年中組の生活発表会があります。生活発表会の内容は、担任が子どもたちと生活しながらどんなものにするのかを決めます。年中組では、子どもたちとお話をつくり、それを劇にしようと考えました。「海賊物語」の劇のストーリーは、海賊が、さらわれたお姫様を助けるために、いろいろな島に行って仲間を集め、最後に悪者を倒しお姫様を助け出すという話になりました。劇のなかには、ダンスがあったり、大道具や小道具をつくったり、台詞

を言ったり，効果音を出すのに楽器を使ったり……と，いろいろな表現がたくさん詰まっています。ここでは，子どもたちとつくった劇のなかから，1人の子どもにスポットを当てて，子どもの表現とは何かを考えたいと思います。

　K君は，海賊役の1人で，空き箱やトイレットペーパーの芯などで工作をするのが大好きです。K君はクラスのなかの工作コーナーにおいてある小物を分けておく箱（アイスの棒，ペットボトルの蓋，ビールの王冠などが入っています）を，毎朝チェックしてから遊び始めます。いろいろな素材を自分なりに組み合わせて，車をつくったり，鉄砲をつくったり，時にはみんなで協力して自分たちの背よりも大きいロボットをつくったりして遊んでいました。

　発表会まで1か月を切ったあたりで，子どもたちに「海賊たちの武器，もっとかっこいいのにしてみたら？　壊れないようなのに！」と提案してみました。するとK君はニコニコしながら箱のなかにある硬いサランラップの棒をもってきました。そこで，子どもたちが自分のイメージにあったものがつくれるようにと，いろいろな色のビニールテープや，アルミホイルを出してみました。すると子どもたちは，思い思いに材料を組み合わせて武器をつくりだしました。私はこのとき「劇のときだけ使うことにしたほうが壊れないしいいな」と思っていました。ところが次の日から，海賊ごっこを子どもたちが始めると，必ず自分の剣を取りにいくのです。もちろん剣は戦いのなかで少し壊れてしまいます。「剣，壊れちゃってもいいの？」と子どもたちに聞こうと思ったのですが，子どもたちの様子をみていると，その言葉は必要ありませんでした。子どもたちが遊びに使って箱に戻した剣が，最初につくったときよりもたくさんのテープが巻かれ補強されており，

写真9-36　海賊ごっこの一場面

ビールの王冠やペットボトルの蓋で装飾されているのです。驚いている私のところにK君が来て,「これがぼくのだよ! ここにボタンが付いてて,ミサイルの発射ボタンなの! あと見ていてね,剣長いでしょ? これが2つになるんだよ!」とその剣について一生懸命説明してくれました。この剣は,発表会が終わっても進化し続けました。K君にとっての剣は,劇や発表会のものだけではなく,普段自分が海賊として遊んでいるときの大事な道具なのだと思いました。普段の遊びのなかから出てきた海賊というイメージだからこそ,K君にとっては常に本番だったのです。

❸ゆうゆうのもり幼保園の実践からの学び

　ゆうゆうのもり幼保園は,横浜市が「はまっこ幼保園」構想に基づいて設置した市内初の幼稚園・保育所一体化施設です。その後,認定こども園となり,保育所・幼稚園・地域の子ども,保護者・ボランティア・地域の人々が多様にかかわり,共に育つ場となっています。そこでは,園に参加する人々が,自らを自分らしく表現できる自由感があります。そのために,たとえば,保護者の特技を活かした参加のあり方を探る取り組みも展開しています。楽器が演奏できる,歌うことが好き,演じることが好き,料理が好き,お菓子づくりが好き,踊りが好き,子どもと遊ぶのが好き,編集や企画が好き,花が好き,元保育者で保育に関心がある等々をアンケートで聞き,特技を活かした参加のあり方を保護者と共に探る試みも行っています。その結果,保護者の楽団や劇団,園芸サークルなどが結成されています。保護者の楽しげで豊かな表現に接することで,子どもたちものびのびと自分を表現していくのでしょう。

　また,子どもたちは,園環境とかかわるなかで多様なモノや場とのかかわりを広げ,深めています。たとえば,室内にある巨大ネット遊具でのかかわりです。巨大ネットは,雲の上の世界や忍者の隠れ場に見立てられ,イメージをふくらませて遊ぶこともあるようです。それは,巨大ネット上に身を置くと,そこから見える景色のおもしろさや,不安定な感覚等,いつもと違った身体感覚を味わうことができるため,豊かなイメージが引き出されていくのでしょう。また,子どもが身を寄せ合うような空間がいくつも用意されています。それらの空間は,気の合う子ども同士がかかわりを十分楽しめる場となっています。気

の合う仲間同士の関係だからこそ,自分なりの表現も安心して,豊かに楽しむことができるのでしょう。園庭には,回廊や坂などがあり,高低・段差を身体で十分感じられる場となっています。広がる空を見たり,風を受けたりする経験を重視して,園環境を整えているのです。

　発表会の取り組みにみられるように,ゆうゆうのもり幼保園では,表現の結果ではなく,その過程を大切にしています。遊びのなかで,なりきって遊んだり,役に必要なモノをつくったりしていく取り組みを,表現の機会ととらえているのです。豊かな感性と表現は日々の遊びのなかで育まれていくことを共通認識し,保育が展開されているのです。また,そのことは保護者にも十分伝えられ,大人も子どもも,のびのびと自分を表現することの意義を感じているのです。

さらに学びたい人のために

- 佐藤学・秋田喜代美（監修）「レッジョエミリア市の挑戦（小学館教育ビデオ）」小学館,2001年
  イタリアのレッジョエミリア市における「子どもの輝く創造力を育てる」ための挑戦的取り組みを描いたVTR。豊かな表現を導く環境を,映像から学ぶことができます。
- お茶の水女子大学附属幼稚園（編）『時の標』フレーベル館,2006年
  日本で最初にできた幼稚園の保育を,歴史に絡んだ多くの写真と照らし合わせながら,環境とのかかわりで読み解くことができます。
- 平井信義・まんとみ幼稚園（編）「形態自在な園生活」生活ジャーナル,1999年
  「子どもが自分の心のありのままを表現すること」を願う,まんとみ幼稚園の保育者。この保育者により展開される保育の様子が,園の歴史とともに丁寧に描かれています。

演 習 問 題

1. 自分が園長先生になったつもりで,"子どもの感性と表現"を育む園環境を考えてみましょう。
2. 事例園の園環境を見て,「私なら,もっと,このようにする」という意見を出し,話し合いましょう。

第10章 子どもの感性と表現を育む保育者

　子どもにとって保育者はきわめて大きな存在です。子どもは保育者のひとことひとこと，一つひとつの動作，その時々の表情などに注目し，知らず知らずのうちに影響を受けています。

　保育者が表現豊かな人であれば，子どももよい刺激を受けて，自分なりにさまざまなことを表現しようと思うでしょう。一方で，あまり多くを表現することのない保育者だとしたら，子どもにとってはどうでしょうか。

　保育者が，楽しいこと，おもしろいこと，悲しいこと，困ったことなど，喜怒哀楽やものごとの善悪などについて，時と場面に応じて豊かに表現するかどうかによって，園での子どもの生活も変わってくることでしょう。

　子どもは大好きな保育者をよりどころに，園の環境からさまざまな刺激を受けて，いきいきとものごとに取り組むようになります。そしてしだいに，自分の心で感じたり，理解したり，体得したりしたことを，表情，態度，言葉，動きなどによって，自分なりに表現しようとするようになります。

　この章では，子どもの感性と表現を育む，保育者のありようについて考えます。

あるときはモデルとして…
そして
あるときは
サポーターとして…
こう？
えほん
あるときは
子どもとして…
わ〜い
ガンバレーッ
GO
ええ!?
女優になるん
だっけ？
そう
いろんな表現で
いろんな役を
こなすのよ
保育者
だけどね

第10章 子どもの感性と表現を育む保育者

第1節 表現者としての存在

　ここでは、生き生きと感性を働かせ、豊かに表現する子どもを育むうえで大きな影響力をもつ保育者について、「表現者としての存在」から考えていきましょう。

Work 1

　子どもの感性や表現を育むために、保育者の存在はとても大きいものがあります。あなたは保育者になったとき、豊かに表現する子どもを育むために、何を大切にしようと考えますか。その理由は何ですか。

❶保育者との信頼関係

　子どもが、その子なりの方法で、感じていること、思っていること、考えていることなどを豊かに表現しようとするためには、子ども自身が園での生活に安心感をもち、気持ちの安定を得ることが大切です。子どもたちが安心感をもって過ごせるようになるために、子どもの気持ちに寄り添い、内面を理解し、支えていく保育者の存在が必要なのです。一人ひとりの子どもが保育者を信頼し、安心して園生活を送れるように努めたいものです。子どもたちは信頼する保育者、大好きな保育者、自分を見守ってくれる保育者との関係を通して、心を開き素直に自己を表現していくようになるでしょう。

Episode 1

知らない子だとドキドキしちゃうの

　入園式で年長児が新入園児にお祝いのペンダントを渡すことになりました。当日の朝、ヒデら男児4人が、学級の友達イツキの弟シンに自分のつくったものを渡したいと言いだしました。4人ともそれぞれがシンに渡したいと言って譲りません。そのうち1人が「ジャンケンで決めよう」と言い出し、そうすることになりました。その結果、ヒデは負けてしまいました。しかし納得できず、渡すのが他の子では嫌だと大泣きしてしまいました。

プレゼントを渡す直前の出来事でした。新入園児のアキは，なかなかプレゼントをもらうことができず母親と待っています。
　　　入園式という大事なときです。担任としては無事に済ませたいところです。しかし，ヒデの担任は，事前に自分の好きな子に渡せるとは限らないことを伝えておくべきだったと反省しながらも，新入園児アキと母親に「ちょっと待っていてくださいね。お兄さんとお話してきますね」と断って，ヒデを別室に連れていきました。別室で，担任は興奮しているヒデに話しかけました。新入園児のアキが初めての幼稚園をとても楽しみにしていること，プレゼントを待っていることなど，年少児の気持ちを丁寧に伝えました。徐々に落ち着きを取り戻したヒデは，「ぼく，あまり知らない子だとドキドキしちゃうから……」とやっと自分の気持ちを表現しました。そうだったのかと担任もヒデの気持ちを受け止めました。その後，待たせてしまった新入園児のアキに，ヒデは自分の得意な紙飛行機を折り，ペンダントに添えて，「さっきはごめんね。入園おめでとう！」と渡しに行きました。アキもその母親も笑顔で受け取りました。

　このエピソードのヒデは年長児です。年長児とはいっても，初めての場面では大人が想像する以上に緊張を感じることがあります。入園式という普段とは違う状況のなかで，ヒデは相当緊張を覚えたのでしょう。一方で担任も，この場面では，どうしたらよいかと相当戸惑ったことでしょう。あなたがもしヒデの担任だったら，このような場合，どのように対応したでしょうか。

　もし仮に，担任がヒデをわがままな子だととらえて対応していたらどうだったでしょうか。他の子どもか，または担任自身が新入園児のアキにプレゼントを渡し，表面上は何事もなかったかのように治めたかもしれません。もしそうなら，ヒデはどうなっていたでしょうか。

　ここまで考えを進めてくるとわかると思います。ヒデの担任は，自分がとった行動でヒデの本当の気持ちを知ることができ，ヒデ自身も，自分の気持ちを見つめ，感じていることを素直に言葉で表現することができました。担任に気持ちを受け止めてもらうこともできました。

　このことがあってから，ヒデは，困ったことに出会っても，泣いたり，いつまでも1つのことにこだわったりすることが少なくなり，しだいに言葉で，「ねえ先生聞いて！」と，自分の気持ちを素直に表現するようになっていきました。

　保育者が子どもの気持ちに寄り添うことはそう簡単なことではありません。保育のなかでは想像もしないようなことがよく起こるからです。しかし，そうしたなかにあっても，エピソードにみられるように，

子どもの内面を理解し，気持ちに寄り添おうとする保育者の姿勢がとても大切なのです。自分を理解し支えてくれる保育者の存在は，子どもに保育者への信頼感を育みます。子どもと保育者とのあいだに結ばれた信頼関係が，子どもの気持ちを安定させます。気持ちの安定が基盤になって，子どもたちはさまざまなことに意欲的に取り組むようになり，感性を豊かにし，いきいきと表現するようになっていくのです。

❷保育者の役割

➡1　文部科学省『幼稚園教育要領解説』2008年, 第3章第1　第2節6「教師の役割」
　ここでは『幼稚園教育要領解説』を引用しながら説明しますが，保育士にも同様の役割が求められています。なお，引用の箇所については，原典のとおり「教師」という表記を使用しますが，それ以外は保育士も含めて「保育者」と表記します。

　『幼稚園教育要領解説』の「教師の役割」では，幼児に「安定感をもたらす信頼のきずなは，教師が幼児のありのままを受け入れて，その幼児のよさを認め，一人一人に心を砕くことによって生まれる。その時々の幼児の心情，喜びや楽しさ，悲しみ，怒りなどに共感し，こたえることにより，幼児は教師を信頼し，心を開くようになる」とあります。
　また，保育のなかで教師の果たす役割について，いくつかのことをあげています（下線筆者）。
　1つは，幼児一人ひとりがこれまでの生活や遊びでどのような経験をしているのか，今取り組んでいる活動はどのように展開してきたのかなど，<u>幼児が行っている活動の理解者としての役割</u>です。また，子どもの表現に直接かかわることとして，<u>幼児との共同作業者，幼児と共鳴する者としての役割</u>や，<u>憧れを形成するモデルとしての役割</u>，および<u>遊びの援助者としての役割</u>などがあげられています。
　以下に，解説書から，保育者の役割として関係する箇所の記述を抜粋します。

【幼児との共同作業者，幼児と共鳴する者としての役割】
……幼児は自分の思いを言葉で表現するだけではなく，全身で表現する。幼児に合わせて同じように動いてみたり，同じ目線に立ってものを見つめたり，共に同じものに向かってみたりすることによって，幼児の心の動きや行動が理解できる。このことにより，幼児の活動が活性化し，教師と一緒にできる楽しさからさらに活動への集中を生むことへとつながっていく。
【憧れを形成するモデルとしての役割】
……教師がある活動を楽しみ，集中して取り組む姿は，幼児を引き付けるものとなる。「先生のようにやってみたい」という幼児の思いが，事

> 物との新たな出会いを生み出したり，工夫して遊びに取り組んだりすることを促す。幼児は，教師の日々の言葉や行動する姿をモデルとして多くのことを学んでいく。善悪の判断，いたわりや思いやりなど道徳性を培う上でも，教師は一つのモデルとして大きな役割を果たしている。このようなことから，教師は自らの言動が幼児の言動に大きく影響することを認識しておくことが大切である。
>
> 【遊びの援助者としての役割】
> ……幼児の遊びが深まっていかなかったり，課題を抱えたりしているときには，教師は援助を行う必要がある。しかし，このような場合でも，いつどのような援助を行うかは状況に応じて判断することが重要である。教師がすぐに援助することによって幼児が自ら工夫してやろうとしたり，友達と助け合ったりする機会がなくなることもある。また，援助の仕方も，教師がすべて手伝ってしまうのか，ヒントを与えるだけでよいのか，また，いつまで援助するのかなどを考えなければならない。一人一人の発達に応じた援助のタイミングや援助の仕方を考えることが，自立心を養い，ひいては，幼児の生きる力を育てていくことになる。

　これらの記述から，表現者としての保育者が，子どもにとって大きな役割を担っていることがわかります。次に，保育者の役割に関してWorkとEpisodeを通して，具体的に考えてみましょう。

Work 2

　見学や実習などで子どもと接する機会を得たとき，子どもたちがしていることを，あなたも同じようにしてみましょう。子どもと同じ高さまで自分の姿勢を低くして，同じものを見てみる，同じように動いてみるなどし，自分自身が感じたことを率直に受け止め，表現し，記録してみましょう。

Episode 2

先生は泥団子づくりの名人

　A先生は子どもたちのあこがれの的です。なぜかといえば泥団子づくりの名人だからです。A先生はピッカピカに光る泥団子をいつもいくつかもっています。泥団子づくりに絶好の日（晴れた日で，園庭に泥団子の最後の仕上げに欠かせないパウダーのようなきめ細かな土ができている日）には，幼稚園中の泥団子づくりに夢中になっている子どもたちが，「A先生，お団子見せて！」と寄ってきます。子どもたちはA先生の泥団子を見ては，「ようし！　もっとピッカピカにするぞ！」と口々にいったり思ったりします。最近は，年長の子ど

もたちのなかにも泥団子づくりの名人が現れてきて，A先生と，大きさや艶や硬さなどを競い合う姿が見られるようになりました。

　ピッカピカの泥団子をつくるA先生は，子どもたちの憧れを形成するモデルとしての役割を果たしているといえるでしょう。
　子どもたちの豊かな表現を育むために，遊びのなかで直接的な援助や指導を行うことは大切です。一方で，保育者みずからがつくったり，描いたり，歌ったり，演奏したりして表現することによって，子どもたちの表現への意欲を引き出していくことも，大切な役割であるといえるでしょう。

第2節　表現者としての成長

❶表現者としての保育者・保育者としての成長

　先の泥団子のA先生は，子どもたちの憧れを形成するモデルとしての存在に加えて，ピッカピカの泥団子をつくる表現者としての存在としても大きなものがあります。保育者自身が豊かな表現者として成長していくことも，とても大切なことなのです。しかし，保育者がみんな芸術家である必要があるわけではありません。自分自身の表現が高まっていくよう，あるいは，表現することが楽しめるようになるその過程を大切に，表現者としての自分自身の感性を磨いていくことが大切なのです。
　また，表現する者として，その過程でどのような思いをもつのか，表現に必要な技術はどのようにして身につけていくのかなどを，実感したり，体験したりすることが大切なのです。なぜならば，保育者自身が味わうさまざまな気持ちは，多くの子どもたちが表現する過程で味わっていくことだからです。
　筆者が担当する保育内容「表現」の授業で，「実技」を通して学生たちが以下のような感想を述べています。

> - 卵の仕掛け遊び，とても楽しかった。21歳の私でも，卵からヒヨコやペンギンさんが生まれた時にはびっくりして，感激して，眼がキラキラしてしまった。子どもたちもきっと喜ぶだろうなと思う。
> - 私たちの作品は，可愛いとは言い難いものになってしまったが，自分たちの手でつくったものには愛着がわき，大切にしたい気持ちになった。子どもが自分の描いた絵や作品をすごく大切にする気持ちがよくわかった。
> - 小麦粉粘土は，とても弾力があって手にもつと気持ちよかった。実際に触らないとわからない感触だった。この気持ちや体験を保育に生かしていきたいと思った。
> - みんなは簡単そうに描いたりつくったりしていたけれど，私は，アイディアが浮かぶまでとても苦労してしまった。友達がヒントをくれたので助けられた。実際に保育者になったとき，一人ひとりの様子をよく見て，必要な援助ができる保育者になろうと思った。
> - 水の量や，色づけ，形づくり，どれも想像していたより大変だった。子どもたちに指導するとき，どこまで保育者が用意しておくのか，どこから子どもにさせるのか，年齢や発達を考えなければならないということがよくわかった。

　上記の感想からは，実際に自分自身が表現する過程を体験してみることで，どの人も感性を揺さぶられていることが伝わってきます。時に心から感動し，困り，人のありがたさを実感する，そうしたことを通して，表現者としての自分自身を成長させ，同時に，保育者として子どもへの理解をも深めているといえます。

❷自分自身の成長と研修

Work 3

　子どもの感性や表現を育むためには，保育者としての自分自身の成長は欠かせません。自分自身の成長を支えるために，あなたは「研修」をどのように考えていますか。またどのような「研修」が必要だと思いますか。その理由は何ですか。

　最近よく生涯学習という言葉を耳にします。人にはその年齢や状況に見合った学習や勉強が必要だと思います。保育者であればなおのこ

第10章 子どもの感性と表現を育む保育者

と，自分自身を成長させるために，常に知に対する欲求をもち，また，実体験に基づいた，子どもと共に歩む姿勢をもってほしいものです。

筆者が勤務する園でも，日常的な研修体制を整えています。たとえば，週日案を検討しながら保育の計画についての研修を重ねたり，保育を互いに公開しながら研修を重ねたり，時には講師を交えた研究会を行いながら自らの保育を省察したりなどです。その研修の機会を通して，自らの課題を見出し，日々成長していくことが求められます。

ここでは，保育者が成長していくために必要不可欠な学びの内容として，子どもの「発達」の理解について考えてみましょう。また，その理解を基盤に，どのような援助が可能かについて，Episodeを通して考えてみたいと思います。

①子どもの「発達」の理解

黒川（2004）は子どもの発達の理解について次のように述べています。

「保育者は，子どもの生活の中で，子どもの『表現』を見とったり，その『表現』に対し何らかの援助をしたりします。こうした見とりや援助の背景には，その保育者なりの発達に対する考え方，すなわち発達観が働いています。」

黒川は，私たちは意識するとしないとにかかわらず，子どもと接するときに，こうした発達観を自ずと働かせているのだと言っています。

先ほどの学生の感想にもあったように，子どもたちの表現を援助したり，環境を設定したりする際に，個々の子どもへの理解とともに，その年齢に応じたおよその発達をとらえておくことも大切です。

たとえば，以下は描画活動などに関連する手や指の発達を示したものです。

→2 黒川建一（編）『保育内容「表現」』ミネルヴァ書房，2004年，p.33.

→3 藤野信行（編）『乳幼児の発達と教育心理学』建帛社，2003年，pp.33-34より抜粋。

- 1歳3か月：クレヨンを握ってなぐり描きをする。厚地の絵本のページを2～3ページまとめてめくれる。
- 1歳9か月：5～6個の積み木を積み上げることができる。スプーンを使って食べることや一人でコップから水を飲むことができる。
- 2歳～2歳6か月：厚地の絵本を1ページずつめくることができるようになる。ビーチボールのような物なら投げることができ，投げても転ばない。ちょうどよいところに投げてやると受け取れる。
- 2歳6か月～3歳：コップや茶碗に入っている水をこぼさずに飲むことができるようになる。手本を示してやるとクレヨンなどで垂直線が書ける。色紙を二つに折る（一度折り）ことができる。
- 3歳～4歳：色紙の二度折りができ，ハサミを使えるようになる。クレヨンなどで円が描ける。

> 4歳～5歳：箸を上手に使えるようになる。ボタンの掛け外しができるようになり、シャツを被って着たり、パンツを上手に脱ぎ履きできるようになる。ボールを片手で上から投げられるようになる。
> 5歳～6歳：クレヨン・鉛筆を大人と同じように持って使える。7mm幅の波形平行線の間を両端の線に触れないで線が書ける。箸が上手に使える。

　このようにおおよその発達をとらえておくことは、大いに指導や計画の参考になることでしょう。たとえば、幼稚園入園の3歳の頃には、ハサミを使った活動や、顔を描くなど、円を使った描画活動がそう無理なく取り入れられるようになるのだということがわかります。

Episode 3　私も年長さんみたいにやってみたい

　K幼稚園での預かり保育の時間。保育者はこの1週間、年長児で預かり保育に残る子どもが少なく、友達がいないせいか元気のないA児を心配していました。そこで、日頃の様子から、A児が興味を示しそうな教材として、針と糸と不織布を提示してみたところ、案の定A児はとても興味を示しました。「お裁縫、今日もできる？」と毎日預かり保育の時間を楽しみにするようになり、元気も取り戻しました。保護者が迎えに来ても、「お願いもう少し待ってて！」となかなか帰ろうとしない日もあったほどです。

　そんなある日、年中のB児が「私も年長さんみたいにやってみたい」と保育者に伝えにきました。預かり保育の時間は、異年齢の子どもたちが交ざりあって生活しているため、こうした要求が出るのは当然のことといえます。しかし、子どもたちの発達からみて、この時期に、年中のB児にも年長児と同じように針と糸を使わすことが、必ずしも好ましいとは思えませんでした。とはいえ、B児の願いもかなえてあげたい。保育者の気持ちは揺れました。

　さてこのような状況に出会ったとしたら、あなたはどうするでしょうか。A児がしていた裁縫は、どれも直線に縫う袋や小物など簡単なものでした。しかし、針と糸を使います。使い方によっては危険も十分に考えられます。保育者は、針と糸を使わずに、年中児にも同様の楽しさが味わえるものはないだろうかと考えました。考えた結果、B児に用意したのは、紙を2枚に合わせ、パンチで周りにグルッと穴をあけ、楊枝に毛糸をくくりつけて穴を通していくというものでした。リボンをつけてバッグのようなものもつくれるようにしました。B児

第10章　子どもの感性と表現を育む保育者

は大喜びで取りかかりました。

　裁縫をめぐる保育者の判断は適切なものだったといえるでしょう。それは子どもたちの発達を考慮したものだったからではないでしょうか。また，こうした状況に出会った際に留意したいのは，一般的な，あるいはおおよその発達というものもありますが，その園や個々の子どもたちの実態に見合った発達という視点も大切にしたいものだということです。いずれにしても，私たち保育者は，学問的に研究され実証された理論や知識と，目の前にいる子どもたちの実態から得る経験的な知識との双方を考え合わせられるよう，よりよい保育を目指して常に「研修」していく必要があるといえるでしょう。

② 「発達」を促すもの

　「発達」をもう1つ違った視点から考えてみましょう。

　『幼稚園教育要領解説』には，幼児の「発達を促すもの」として必要なことが2つあげられています。"能動性の発揮"と"発達に応じた環境からの刺激"です。

> 【能動性の発揮】
> 　幼児は興味や関心をもったものに対して自分からかかわろうとする。したがって，このような能動性が十分に発揮されるような対象や時間，場などが用意されることが必要である。特に，そのような幼児の行動や心の動きを受け止め，認めたり，励ましたりする保護者や教師などの大人の存在が大切である。（後略）
>
> 【発達に応じた環境からの刺激】
> 　……幼児期の発達は生活している環境の影響を大きく受けると考えられる。ここでの環境とは自然環境に限らず，人も含めた幼児を取り巻く環境のすべてを指している。（…中略…）したがって，発達を促すためには，活動の展開によって柔軟に変化し，幼児の興味や関心に応じて必要な刺激が得られるような応答性のある環境が必要である。

　こうした記述からは，子どもの感性と表現を育むために，保育者は，子どもにかかわる多くのことに関心をもち，理解を深めるために，さまざまな分野について「研修」していく必要性のあることが伝わってきます。保育者は，そのことを義務的に感じたり，苦痛に感じたりするのではなく，楽しみながら励んでいく気持ちをもちたいものです。保育者のそうした楽しんでいる姿勢が，子どもたちのいきいきとした表現につながり，そのことが子どもたちの発達を促していくのだと考えます。

→4　文部科学省『幼稚園教育要領解説』2008年，序章第2節1⑵②ア，イより抜粋。

第3節 保育集団のありよう

Episode 4

スズメは何色？

　筆者は年長の1年間だけ幼稚園に通いました。園庭でさんざん遊んだ後のお絵かきの時間のことでした。塗り絵のようなものが配られました。私に配られたのはスズメの絵でした。さて困った。私にはスズメがどんな色をしているかが全く思い出せませんでした。まわりの友達は皆思い思いにクレヨンを握り，せっせと塗り始めています。なかには私と同じスズメの絵を配られた子もいました。その子は茶色のクレヨンを手にもっています。そうかスズメはあんな色だったかもしれない。そう思いはしましたが，私は人の真似をするのは嫌でした。結局私はお絵かきの時間をただじっと席に居て，何もせずに過ごしました。何度か回って来られ言葉をかけて下さった担任の先生も助手の先生も，頑として何もしない子に困惑されたことでしょう。

　数十年も前の話ですが，今，同様の光景にたびたび出会います。
　保育の現場では，保育者が指導するうえで困ったと思う子どもに出会うことが少なくなくなりました。実は，保育者が困っているときというのは，子ども自身も何かに困っているものなのです。体験や経験が少ないためにどうしてよいかわからなかったり，混乱したりしているものなのです。保育者は，このような子どもの心に寄り添い，内面を理解し，表現を引き出していけるよう，きめ細かなかかわりをすることが必要でしょう。
　そのためには，園という保育集団の力を適切に働かせることが必要でしょう。保育者は，園という集団のなかで複数の子どもたちに接しています。一方で，子どもたちも複数の保育者に接しているのです。
　保育者が接する一人ひとりの子どもたちは，それぞれがさまざまな思いを抱いています。一人ひとりが異なった感性をもっています。その感性の数だけ表現もあるわけです。その子どものもつ思いや表現を理解したり引き出したりするために，集団としての力が作用するとよいのです。ティーム保育というような言葉でも表現できるでしょう。

第10章　子どもの感性と表現を育む保育者

第4節　保育の計画

　日々保育を進めるなかで，保育の計画を立てることは大切です。年，学期，月などにわたる長期の計画，具体的な幼児の生活に即した週，日などの短期の計画の作成は，指導を適切に行うために欠かせません。

　同時に，より大切なことは，子どもたちの気持ち，さまざまな子どもたちの姿などを，その子なりの「表現」として受け止めることです。表現する"過程"を大切にすることでもあるでしょう。また，保育者として，そのような子どもたちの「表現」に気づき，あるがままを受け止められる感性をもつことでしょう。以下に述べることは，そうしたことを前提にしています。常に意識において読み進めてみましょう。

❶日常保育と行事との関連

▶5　黒川建一（編）『保育内容「表現」』ミネルヴァ書房，2004年，p. 4.

　黒川（2004）は，「表現は，特別の活動に限定されるものではなく，日常の暮らしの中の普通の行為なのです」と述べています。この言葉を借りるならば，行事も特別のことではなく，表現に囲まれた日常の保育の積み重ねだということができるのではないでしょうか。

　子ども会や生活発表会，運動会，誕生会，音楽会，作品展など，名称こそ各園で違いはありますが，「表現」にかかわる行事は，園生活のなかでは多々みられます。日常の保育と行事とはどのようにかかわっているでしょうか。X園の運動会を例にとってみましょう。

Episode 5

旗ダンス教えて！

　秋晴れのある一日。年長児が園庭で"旗ダンス"を練習しています。"旗ダンス"はX園の運動会恒例の出し物です。右手に青，左手に白の手づくりの

旗をもち，子どもたちは真剣に取り組んでいます。
　音楽が聞こえると，年少児，年中児が顔を出しました。「あっ，旗ダンスだ！」と，何人かの子どもたちが年長児の動きに合わせて踊り出しました。運動会前の何日かこんな光景が続きました。
　運動会から2〜3日たったある日，年中のA児が，園庭で遊んでいる年長のB児とC児の所へやってきました。「旗ダンスがしたいから教えて下さい！」。B児とC児は，「えっ，旗ダンスやりたいの？　いいよ」と応え，早速担任のところへ飛んで行きました。「先生，年中さんが旗ダンス教えて欲しいんだって。旗もっていくね」。その後の1週間余り，園庭には，手取り足取り旗ダンスを教える年長児の姿と，年長児さながらに喜々として踊る年中・年少児の姿が見られました。

　X園の例から，日常の保育と行事との間には，主に次のような関連があることがわかります。
・日常の保育のなかで，子どもたちはさまざまな刺激を受け，それが「表現」しようとする気持ちを自然と育て，行事につながっていること。
・年長児に憧れ，自分も表現してみたいと思ったことが叶えられる環境が整えられていること。

　ここでは，X園の運動会を例にとりましたが，子ども会，音楽会などの行事に向かうなかで，次のようなことも大切にして保育の計画を立てていきましょう。

① 子どもたちが園は楽しい所と感じ，先生との信頼関係をつくり，友達と一緒に安心して過ごせるよう，保育の計画に位置づけていく。
② 日常の保育のなかで，美しいもの，さまざまな音，色，形，動きなどに出会い，感性を豊かにするよう，保育者の働きかけ，環境整備などを保育の計画に明記していく。
③ ①や②を基本とし，日常の保育が積み重なって行事へとつながるよう，長期の見通しをもって保育の計画を立てていく。
　（例：楽器の音色にふれる→自分でしてみたい気持ちをもつ→扱い方がわかる→音を合わせる楽しさを味わう→音楽会で合奏する）

❷協同する経験との関連

「表現」では，子どもたち同士が1つの目的に向かい，生活を共にすることを通して，心をあわせたり，助けあったり，一緒にしたりする場面は多くみられます。このような協同する経験と保育の計画との関連について，次のY園・Z園の例から考えてみましょう。

Episode 6　ぼくの足どれかな？

Y園の2学期。3歳児の担任が絵の具をもっています。
「みんな靴下脱いで，足出して〜。ちょっとくすぐったいけど，おもしろいよ〜！」と子どもたちに声をかけています。
素足に絵の具を塗ってもらった子どもたちはペタペタと模造紙の上を歩きます。「つめた〜い！」「くすぐったいね」「あっ，足の形がついた！」「もっとやる〜！」と思い思いに口にします。
昼食後，担任の周りに子どもたちが集まり，担任が乾いた模造紙を切り，縦につなげているのをジッと見ています。廊下に飾られたあと，「僕の足どれかな」「あっ，これ○○ちゃんのだ」などと見ています。

3歳児の足型が装飾に！

Episode 7　みんなでつくったこいのぼり

Z園では，年長児がみんなで大きなこいのぼりを製作しています。
絵の具をスポンジボールにしみこませ，うろこの模様ができあがりました。D児が「よーし，あとは目だ」と絵の具の黒と筆をもってきました。「目はこの辺じゃない？」「違うもっと真ん中だよ！」「もっとこっちの方がいいんじゃ

ない？」「うんそうだね」。みんなの意見がまとまり，こいのぼりに目が入りました。

「目はこの辺じゃない？」「違う，もっと真ん中だよ！」みんなで相談しながら。（5歳児）

園庭を堂々と泳ぐこいのぼり。5月の空を彩りました。

　Y園の例からは，3歳児が思い思いに表現した足形が，保育者の計らいで，みんなでつくった作品へと転換されていることがわかります。
　まだ幼い子どもたちには協同するという意識はないことでしょう。しかし，このような経験を積み重ねるなかで，心をあわせる，助けあう，みんなで1つの目的に向かうなどの経験をしていくことができます。そのために「表現」はよいきっかけをもたらします。保育者はこうしたことをふまえて保育を計画し，協同することの気持ちよさや大切さを子どもたちに実感させ，積み重ねていくよう努めることが大切です。
　Z園の5歳児の例からは，子どもたちが心をあわせ，意見を出し合いながら，こいのぼりができあがっていったことがわかります。また，この例では，絵の具をスポンジボールにしみこませ，うろこの模様にしています。新たな教材との出会いです。おもしろがって，勝手にどこへでも模様付けしようとする子どもがいるなかで，「勝手にやったら汚いこいのぼりになっちゃう。ここだけにしようよ」と自分の考えを表現する子どももみられます。
　Z園では，"こいのぼりをつくる"という1つの目的に向かって，子どもたち同士が協同することを経験しています。保育者はこうしたことをふまえて，意図的・計画的に，短期・長期の指導計画を立てることが必要でしょう。

❸みんなで楽しむ活動との関連

　誕生会は，内容や方法に多少の違いはあっても，多くの園が何らかの形で実施しています。学級，学年，園全体などで集まり，その月（またはその日）に生まれた友達の成長を祝い，みんなで楽しむ活動として実施されています。4歳児以上の子どもが集まって，その月の誕生児をみんなで祝う機会をもっているO園の例をみてみましょう。

Episode 8

好きな食べ物は何ですか？

　O園では，4・5歳児がホールに集まり，10月生まれの友達の誕生をみんなでお祝いする会を開いています。司会の年長児が，壇上の誕生児に「名前と何歳になったかを教えてください」「好きな食べ物は何ですか」とインタビューをしています。誕生児は，「○○です。5歳になりました」「好きな食べ物は，えーっと，ぶどうです」などと答えています。「次はお楽しみです。お母さんたちのお話が始まります。拍手をお願いします」と司会の年長児が知らせます。誕生児の母親5人が，大型絵本"大きなかぶ"を読み聞かせました。

　O園の誕生会は，主に次のようなねらいをもって実施されています。
・友達の誕生日を祝う気持ちをもち，自分や友達の成長を喜ぶ。
・父親や母親に感謝の気持ちをもつ。
・みんなの前で，話をしたり，表現活動をしたりする。※①
・友達や先生，地域の人の出し物を見たり聴いたりする。※②
・みんなと一緒に会食する楽しさを味わう。

　※①では，年長児が，「次は，お誕生日のお友達の紹介です」と司会を務め，誕生児は，名前，何歳になったか，好きな食べ物は何かなど，インタビューに答えたりしています。また，学年や学級，グループで，歌，合奏，ペープサートなどで表現することもあります。

　※②では，誕生会の"お楽しみ"として，近隣の中学生が読み聞かせにきたり，母親や地域のサークルが人形劇を演じたりしています。

　O園の例にみるように，誕生会では，友達や先生など大勢の人の前で，話したり，歌を歌ったり，合奏したり，自分でつくったものを使って演じたりなど，「表現」する機会が多くあります。同時に，友

達や先生，地域の人など，人の「表現」を見たり聴いたりする機会も多くもたれます。保育の計画を立てる際，表現をする側でも，表現を受け止める側でも，子どもたちにはそのどちらの経験も大切にさせたいものです。決してそれは異なる事柄ではないからです。

　また，O園ではある月の誕生会に，母親の有志数名がバレエを踊って子どもたちに見せてくれました。子どもたちの身近な存在である母親のバレエは，子どもたちに大きな感動を与えたようで，「この前の踊り，綺麗だったね」「私もバレエ習ってるの」などと，有志の母親に子どもたちが話しかける姿が見られたと保育者が話してくれました。感動したことを伝えずにはいられなかった子どもたちの姿がほほえましく感じられます。

　その後の子ども会では，年長児が，劇，影絵，合奏，そしてダンスのグループに分かれて「表現」に取り組みました。ダンスは，誕生会後，自由な遊びのなかでずっと続けられていて，子ども会では，子どもたちの創作ダンスが披露され拍手を浴びました。

　以上のようなO園の例から，誕生会に限らず日常の保育でも，また子ども会や作品展などの行事でも，保育の計画を立てる際には，次のようなことを大切に考えていくとよいことがわかります。

- 自分なりにのびのびと表現する姿を大切にする。
- さまざまな体験を通して，感動したり，喜びを伝え合ったりすることを大切にする。
- 言葉，動き，音，絵画，造形など，さまざまな方法で表現し，楽しさが味わえるようにする。
- 友達，先生，地域の人など，人とのふれあいを通して，表現したり受け止めたりする機会を大切にする。

さらに学びたい人のために

・文部科学省『幼稚園教育要領解説』フレーベル館，2008年
　2008年に改訂された幼稚園教育要領を具体的に解説しています。「表現」に直接かかわる部分はもちろんのこと，多くの部分で，子どもの感性を高め，表現者としての保育者のあり方について参考になるものと思われます。同様に厚生労働省編『保育所保育指針解説書』フレーベル館，2008年も参考にするとよいでしょう。

・藤野信行（編）『乳幼児の発達と教育心理学』建帛社，2003年
　本の題名のとおり，乳幼児の発達や心理について，幼稚園教諭や保育士をめざす学生を対象に，事例を豊富に入れながらわかりやすく記述されています。子育て中の人など多くの人の参考になる書です。

・無藤隆・神長美津子（編）『園づくり・保育の疑問に応える「幼稚園教育の新たな展開」』ぎょうせい，2003年
　第4章で保育の具体的計画・立案，研修などについて詳しく書かれており，参考になります。

演 習 問 題

1. 新しい幼稚園教育要領や保育所保育指針では，表現する「過程」が大切にされています。それはなぜですか。子どもの感性と表現を育むことと，どのように関連しますか。
2. 保育者が表現者として成長するために，どのようなことが大切だと思いますか。また，どのような努力が必要だと思いますか。
3. 子どもたちの表現をとらえたり，援助をしたりするとき，その背景に自分の発達観が働いているといわれます。実習などで子どもにかかわったとき，あなた自身の発達観が働いたと思われる事例をあげてみましょう。
4. 短期の指導計画と長期の指導計画はどう違いますか。また，どのように関連しますか。楽器による表現を例に考えてみましょう。

第11章 保育内容「表現」の課題

　最終章である本章では，保育内容「表現」の課題について考えてみたいと思います。子どもを取り巻く環境は大きく変化し，子どもの生活も激変しています。そのなかで，子どもの「表現」のありようも変化し，課題も浮き彫りになっています。1つ目には，社会の変化に伴い，自ら創造的に表現する機会が剥奪される実情があるなかで，地域や家庭との連携の必要性が問われているということです。2つ目には，現代の子どもは生身の身体を通した環境とのかかわりが希薄化してきているということです。このことは，子どものみならず保育にかかわる保育者自身の問題とも絡んでいます。3つ目には，保育にあたる保育者の養成の課題です。4つ目には，上記の課題を基盤に保育環境を再考し，見直していく必要があるということです。

　以上の視点から，保育内容「表現」の課題を考え，今後を展望していきたいと思います。これからの保育をつくっていく皆さんも，一緒に考え，知恵を出し合っていきましょう。

ほら急いで！
習い事の
時間よ！
ボー
時間.空間.仲間の3間のない生活環境

だからこそ
園では3間を保障
するのよ！
ああ
そうなのね
すでに
3間なし
育ち

第1節 家庭・地域との連携と子どもの表現

❶社会の変化と子どもの表現

　子どもを取り巻く社会は激変しています。また，家庭・地域においても，子育て環境が整わない状況にあり，子どもの育ちに大きく影響を及ぼしています。このことは，2005年1月の中央教育審議会答申「子どもを取り巻く環境の変化を踏まえた今後の幼児教育のあり方について」でも，危惧される子どもの育ちとして以下の点が示されています。この育ちの危惧は，子どもの表現と深くかかわる問題といえます。

・基本的生活習慣の欠如
・コミュニケーション能力の不足
・自制心や規範意識の不足
・運動能力の低下
・小学校生活への不適応
・学びに対する意欲・関心の低下

　2008年に告示された幼稚園教育要領および保育所保育指針は，この答申を受けていることは言うまでもないことです。幼稚園教育要領第1章「総則」の第2「教育課程の編成」では「幼稚園は，家庭との連携を図りながら，この章の第1に示す幼稚園教育の基本に基づいて展開される幼稚園生活を通して，生きる力の基礎を育成するよう学校教育法第23条に規定する幼稚園教育の目標の達成に努めなければならない」として，幼稚園教育の基本に基づく幼稚園生活により，義務教育およびその後の生涯にわたる教育の基礎を培うことを明確化しています。また，同じく第1章「総則」の第3「教育課程に係る教育時間の終了後等に行う教育活動など」においては，「幼児の生活全体が豊かなものとなるよう家庭や地域における幼児期の教育の支援に努めること」と記されています。保育所保育指針においては，第6章「保護者に対する支援」として，「1　保育所における保護者に対する支援の基本」「2　保育所に入所している子どもの保護者に対する支援」「3　地域にお

ける子育て支援」の各節で，家庭・地域の支援について記されています。

　このように，子どもを取り巻く社会の変化のなかで，家庭・地域を巻き込みながら，子どもの生活を保障していくことが求められているのです。保護者・地域の人々を巻き込みながら子どもの一日の生活をとらえ，生活環境を整えていく必要があるということです。そうしてこそ，子どもの豊かな感性と表現が育まれるということなのです。その際のポイントとして，保育所保育指針・幼稚園教育要領における領域「表現」を理解しておくことが必要です。また，幼稚園教育要領第2章「ねらい及び内容」のなかの「表現」における，「3　内容の取扱い」も参照し，保護者と「子どもの表現」について共通認識しておくことが大切です。

　また，本書第9章で，「園環境が育む"子どもの感性と表現"」として，各園の取り組みを紹介しています。そこでは，各園とも，家庭・地域の連携を重視しています。子どもたちの表現の姿とその意義を，保護者や地域の人々に伝えていくことが大切です。保育の場が，保護者や地域の人々を巻き込みながら表現の楽しさを実感していく場として位置づくことも求められます。私たちは事例園を参考としつつ，新たな取り組みを試みていく必要があるのです。

❷家庭・地域とともにメディア・リテラシーの獲得を

　本書第4章「子どもの豊かな感性と表現を育む環境」のところでも述べたように，多メディア時代といわれる現在，大人も子どもも共に消費社会に組み込まれています。特に映像メディアを中心としたメディア・ミックス戦略による情報は，遊びも消費の対象とし，子どもたちの身体と環境とのかかわりを剥奪しかねない状況にあります。

　そのような多メディア時代の保育において，メディア・リテラシーの獲得が不可欠だといえます。メディア・リテラシーとは，大きく分けると「メディアからの情報を読み解く力」「メディアを活用する力」の2つがあります。前者は，テレビや新聞，雑誌などのマスメディアからの情報は，誰かがつくっているものであり，現実の一部が切り取られていたり変容されていたりしていることを認識して，情報を批判的に読み解くことが必要だということです。後者は，デジカメやビデオ機器，コンピューターやインターネットなどを操作し，活用したりする技術を身につけるということです。そこでは，メディアを活用し

▶1　幼稚園教育要領第2章「ねらい及び内容」の領域「表現」の「3　内容の取扱い」

(1)　豊かな感性は，自然などの身近な環境と十分にかかわる中で美しいもの，優れたもの，心を動かす出来事などに出会い，そこから得た感動を他の幼児や教師と共有し，様々に表現することなどを通して養われるようにすること。

(2)　幼児の自己表現は素朴な形で行われることが多いので，教師はそのような表現を受容し，幼児自身の表現しようとする意欲を受け止めて，幼児が生活の中で幼児らしい様々な表現を楽しむことができるようにすること。

(3)　生活経験や発達に応じ，自ら様々な表現を楽しみ，表現する意欲を十分に発揮させることができるように，遊具や用具などを整えたり，他の幼児の表現に触れられるよう配慮したりし，表現する過程を大切にして自己表現を楽しめるように工夫すること。

→2 小林紀子（編）『私と私たちの物語を生きる子ども』フレーベル館，2008年にさまざまな事例を交えて記載されています。

→3 小林紀子『メディア時代の子どもと保育』フレーベル館，2006年に詳しく記載されています。

た豊かな表現力も求められます。また，伝承物語の情報が記載されている絵本や童話，紙芝居などのメディアの活用も，さらに充実していく必要があるでしょう。このような，メディア・リテラシーの獲得は，子どもの豊かな感性と表現を育んでいくために必要な教育の内容であるといえます。子どものみならず，保育者・保護者・地域の人々も巻き込みながら，メディア・リテラシーの獲得が求められているといえるのです。

第2節 身体性と子どもの表現

❶保育における身体性の重要性

私たちは日常生活のなかで，身体とどのようにかかわっているでしょうか。「身体は，いのちの座であると共に，知覚や感覚の座であり，その意味で世界との関係をになう，あるいは世界との関係が起こるもっとも基礎的な媒体である」と鷲田（2006）は述べています。身体は肉体全部を表すいのちそのものであるとともに，身体を媒体として周りの環境とつながり，心が動き，それが身体表現につながっています。つまり，身体は表現につながる最も基本的なメディアなのです。

→4 鷲田清一（編）『身体をめぐるレッスン1——夢みる身体』岩波書店，2006年，p. ix.

子どもの表現は，遊びの楽しい経験を通して自身の自由な発想を展開しながら表出していきます。その動きは柔軟で，身体いっぱいを使って，床を転がったり，這ったりするなど，表現の1つとして抵抗なく行います。全身を使って表現することは，身体のもつ表現の可能性と体験による心を豊かにする役割を担っていると考えられます。たとえば，わらべうた遊びは，子ども同士の遊びのなかで繰り広げられる即興的で自由な展開のできる伝承遊びです。遊びながら歌の歌詞やメロディ，リズム，テンポを変化させたり，遊びのルールや踊りのしぐさなどの身体表現を変化させたりし，徐々に複雑化していきます。子どもは無意識に遊びの体験や日常の表現とのふれあいの体験を重ねながら変化させていきますが，このようなわらべうたの歌い方や遊びのなかに自由性，即興性が見受けられます。つまり，自由な遊びの場に

おける遊びのおもしろさの体験のなかでは，大人が与えるものを受け入れるだけでなく，子ども自身も積極的に周囲に働きかけ，その結果，さまざまなものを子ども自身が獲得していく発達の姿がみられます。このような遊びがもつ自由性によって，周囲の事物や世界に対する好奇心も刺激され，自然や事物と接する人間の態度や理性を発達させる基盤ができていくことで子どもの感性や創造力が育まれます。

　このように遊びを通して表現の意欲を感受し，想像して自らの身体で表すことによって，子どもは自己を解放し，心と身体の安定を図ったり，互いの表現を受け止めて表出することで他者とのコミュニケーションを深めたりすることができます。目・耳・鼻・皮膚など身体でふれる体験によって刺激を感じ取った感覚や知覚が，子どもの周りを取り巻く世界を理解する重要な方法となり，後にイメージのもととなる記憶となったり，多様な文化を理解したり，子ども自身のもととなる生きる喜びや勇気，はずむ心を与えるものとなるでしょう。遊びによって人間形成が行われ，その経験をまとめる枠組みを与えるものとしての表現活動の重要性があげられます。

　保育者はこのような子どもの表現を敏感に感じ取り，共感しながら身体の表現活動に発展させるような遊びを展開できることが求められます。そして保育者自身の表情や動作にも，子どもの表現を受け止め自然と表すことのできる表現力が求められます。保育者の表現に対して，子どもは模倣したり，すでにもつ表現の技能を引き出して無意識のうちに工夫したりしながら，全身を使った柔軟な動きで音楽や踊りなどを表すでしょう。保育者は子どもの心のなかの表現を理解し，創造的な表現活動を引き出す感受性を磨くことが求められているのです。

❷身体性における現代の環境の問題

　身体性において，現代の私たちを取り巻く環境は，多様なメディアの発達により日々大きく変化しています。インターネットでさまざまなものがつながり，膨大な量の情報を簡単に即時に効率的に入手することができるようになりました。このことは知覚を通じて意識に膨大な情報を伝えることであり，時間や手間をかけて専門的な知識を拡充していた頃と比較するとその即時性や効率性においては大変な利点といえるでしょう。また，人と顔や目を合わせ，お互いの表情や態度，話す口調に実際にふれあいながら獲得していた情報を，身体性を伴わ

ずに手軽で便利に何らかのメディアを通じて容易に知ることができるようになったともいえますが，同時に必要で重要な経験，あるいは感性を失っているともいえるのです。

　同じ情報において，実際に身体性を伴って得た情報と伴わない情報とはその認知の仕方は異なります。たとえば，音楽を聴く体験において，実際の演奏の場面には独特の緊張感があり，音と音の間の部分や，かすかに残る残響や空気の振動，演奏者の呼吸や次の音を発するために息を吸い込む音，それらすべてを包括しながら大きなエネルギーに変わる空気の張りつめたような感じは，あたかも時間が伸縮するような感覚さえも覚えます。それらを身体で体験することは，多くの感情を得ながら音やその他の情報を認知しています。単なる音情報として得たものとは異なるのではないでしょうか。人が，事物・事象とかかわることは本来身体性を伴うものであり，それらの感覚を伴った記憶が，イメージしたり深い理解力へとつながったりして，豊かな心を育む力となります。

　特にデジタルメディアの発達は，家庭や保育現場の子どもを取り巻く環境にも変化をもたらし，子どもの遊びの質を変容させました。テレビや電子ゲームの遊びが日常化し，他者とふれあったり，自然環境から生命を感じとったりして遊ぶことが少なくなってきました。そのような状況においては，現実の世界と仮想の世界が混在し，生身の自分や他者への共感性を欠き，閉鎖的で希薄な自我を形成するおそれがあることが問題となっています。身体性から離れた遊びの1つとされていた電子ゲームにおいても，最近では仮想の世界ではありますが，画面とボタンの操作だけではなく，身体の振動や傾きなど，実際と同じ動きをし，身体全体を使って操作させるものも出現しています。このようなモノに象徴される問題は，身体性を伴う代理経験の危うさです。商品としての人工的環境は，これからますます子どもたちの周りにあふれていくことでしょう。私たちは，このことをふまえ生身の身体と環境とのかかわりを真剣に考えていく必要があるのです。

❸保育者自身の表現力を育むために

　私たちは素晴らしい絵を見たり，美しい音楽を聴いたりしたとき，気分が高揚し，心の奥深くに染み入ってくるような感動を覚えます。それらの心を動かす体験や，さまざまな感情を得る経験が，多くの表

現活動のもととなり，表現として外へ表出していきます。このようなことは日常生活のなかに溢れています。自分の感情や気分の高揚などを身体で表すことは，大変気持ちのよいものであるとともに，自身の身体を意識し，その機能や能力を把握することができます。自分のこれまでの体験や感情によって豊かな表現が育まれている人は，子どもが身体で表現していることを敏感に感じ取り，共感して受け止め援助することへとつながっていくでしょう。子どももまた，身体全体で表現したことによって自己実現の満足感や達成感を味わい，それらを通じてものごとに対して感じる心が育つのだといえます。保育者の身体そのものによる身体性の表現は，子どもがその表情や動き，声，言葉などから多くのことを感じ取り，表現を知覚していく直接的な経験であり，子ども自身の身体性の発達につながるものです。

これらのことから保育者は，さまざまな実践や体験を通して多様な表現のもととなるものを見つけ出し，意欲的に活動に取り組むことで自分の心の内を外へ表出する技術を身につけること，また，子どもの自発的な表現を発展させようとする際の有効な背景としての専門的な表現の知識や技能を高めることが求められます。日常の自分自身の表現を大切にし，自己の身体を伴う表現力を豊かに高めようとする態度が表現力を育んでいくのです。

第3節 保育者養成と子どもの表現

❶表現力の劣化の問題

現在，保育を学ぶ人の表現力の劣化は，身体全体で自分を表すこと，ふと美しいものに出会ったときに素直に美しいと感じて表すこと，日常生活のなかで出会ういろいろな事象についてイメージを膨らませて表すことなどの経験が大変少なかったことが原因と思われるものが少なくありません。たとえば，楽しいと感じていても，感情の表出を抑えようとして無表情になっていたり，必要性を意識せず，わずかにしか表情を変えなかったりして，どの場面で，どの程度，どのように表

現したらいいのか戸惑っている様子も見受けられます。表現は日常生活と深くかかわっており，生活するなかで自分の思いや感じたことなどを無意識のうちに身体で表現していることがよくありますが，そのような機会や経験が少ない人は，身体や表情がかたく，感情を表す動きや態度も小さくなりがちです。意識して身体を動かし自己を表現する体験を通して，心や身体を解放し，感性を高め，それらが身体の表現と密接に関連していることを知ることが大切です。そして表現活動を経験するなかで自身が感じたものを見つめ直すことが，人の表現を受け止め，それに応じる適切な表現を表出することになり，自分自身の表現と内面を調和させることにつながります。

　これから保育を学ぶ学生は，このようにして改めて日常生活のなかでの多様な表現の方法に気づき，また自身の心のなかからの表現を見つめ，自分が何を感じ，何を考えたのか，それをどのように表現したいのかを実際の体験を通して考え，保育者としての必要な表現力とは何か，その力をつけるためには何を学べばよいかをもう一度考えることが大事です。

❷保育者養成校に求められる表現の指導と内容

　保育者の養成課程では，表現にかかわる授業の多くは，音楽や美術，体育といったそれぞれの専門的な分野の偏った部分が取り上げられがちです。ことに音楽においては，歌の伴奏など，ピアノの演奏技術のみが重視されがちです。保育現場の音楽活動ではピアノを多用する園が多いことや，就職試験時にピアノの演奏技術を要求されることを考え合わせると当然の流れともいえます。しかし，本当に必要とされている表現の教育は，子どもの表現する意欲を多面的にとらえて援助したり環境を整えたりする力であり，それらは専門的な技能や知識を子どもの発達に即して保育の現場と総合的に結びつけ，実践化する力なのです。では，子どもの表現は日常のなかでどのように現れ，保育者は子どもの自由で創造的な表現をどのように広げていくのでしょうか。

Episode 1　大きなぞうさんの行進

　　T保育園の3歳児のクラスで，保育者が子どもの要望で音楽のCDをかけま

した。3人の女児が自由に踊りはじめ，そのなかの一人が「Mちゃんぞうさんみたい」といってMちゃんの動きを真似して大きく足踏みを始め，他の女児も同じような踊りに変化させました。保育者はしばらく様子を見てCDを止め，ピアノで子どもの動きにあわせ，低い音でぞうさんの曲を弾き，「大きなぞうさんの行進だね」と声をかけました。女児たちはそれぞれがぞうさんになりきって列になって歩き出し，他の子どももその輪に加わっていきました。

　子どもは，音楽的反応として，2歳児頃から音楽にあわせ体をゆすったりすることや，他の人のすることに注意し，まねをしたがる様子が見受けられます。子どもは音楽のさまざまな要素を感じとり，イメージをもって表現します。保育者はその子どもの発達や自由な発想に共感し，子どものもつイメージから音楽の要素を見出し，音楽にあわせ体を動かすことの楽しさを感じる表現の体験へと導くことで，子どもの自由で創造的な表現を広げることにつながるのです。このような実践の場での援助のあり方を学生にどのように伝えていくかが養成校の課題なのです。

　ピアノの演奏技術や，造形，身体の動きの基礎的な技術を身につけることはその基本となることですが，技術の獲得そのものが指導の目標にすりかわっている状況もみられます。この状況は，養成校の教授内容だけではなく，園での活動においてもいえることです。子どもの発達に対応していない高度な曲の歌唱や器楽合奏，絵画製作，オペレッタ，劇などの保育実践は，専門的な分野の取り組みが行われがちで，子どもが表現する過程や表現そのものを楽しむ工夫ではなく，完成したものの質の高さに保育者の視点が変化していくこともあります。

　保育現場の活動はさまざまであり，そのうえ子どもの活動は総合的で，養成校で学習したことがそのまますぐに役立つものとは限りません。また，2年間から4年間という短い期間で保育に関する専門的なことを多く学んだものの，実際の現場では保育の技術が未熟で，経験を積み重ねながら学んでいくことも多いでしょう。一方，現場ではすぐに働ける保育者が要求されていることも確かですし，保育者養成のカリキュラムでは，実践に役立つ技能を身につけられるような指導が求められていることも事実です。

　現場で実践するときには，獲得した専門的知識と実際の子どもの表現とが合致しにくく，子どもの表現の意図することや，自身の表現が子どもにどのように伝わっているのかを客観的に振り返りながら進め

ていくことが難しいと感じる学生も多いようです。
　次のエピソードは，学生が実習でじゃんけん列車の活動を計画し，実践したときの様子です。

Episode 2

自己表現を楽しむ——じゃんけん列車

　学生はじゃんけん列車の活動を子どもたちに提案し，活動が始まりました。4歳児クラスの子どもたちは，学生の弾くピアノの曲のリズムにあわせて保育室のあちらこちらを歩き回り，曲が止まると友達とじゃんけんをし，列をつくっていきました。活動が進み，列が長くなるに従い，子どもたちの足並みは自然と速くなっていきました。学生は計画していた曲を順番どおりに弾いていきましたが，子どもたちの足並みは気分の高揚とともに変化していき，曲のリズムや速度からどんどん外れていきました。また，楽譜を見ながら演奏していたため，次の曲を弾くまでに手間取ってしまい，学生はその間にも子どもたちに声かけしながら活動を進めていきましたが，ついには曲が始まる前に子どもたちは行進しはじめてしまいました。

　子どもたちは活動が進むにつれ，どのグループの列が長くなるか競争する気持ちが生まれ，そのときの感情を表現するように足並みが自然と速くなっていきました。学生はその状況に気づいているのに，計画していた曲を順番どおりに弾きました。その曲が楽曲としては高度な演奏技術を要する芸術的なものであったとしても，そのときの子どもの心境の変化に対応していない，歩調とはかけ離れた曲調の曲を演奏する結果となってしまいました。子どもたちの足並みは気分の高揚とともに揺れていますので，計画だけにとらわれていては曲のリズムや速度から外れていきます。この活動においては，さまざまな曲を遊びの楽しい活動とともに親しみ，ふれることができたといえますが，楽譜を見なくとも簡単に演奏できる1つの曲であっても，子どもの反応にあわせて楽曲の速度や調，強弱や高さを変化させながら展開することもできたと考えられます。子どもの表現する姿からどのような音楽の要素を見出し，自身の演奏技能を即応させるかを，活動のなかで客観的に見直すこともできたでしょう。
　子どもの表現しようとする勢いをそぐことなく支援し，人間的な感情を豊かに育てていくためには，子どもの発達や個別の表現力の実態に対する理解，活発な表現の活動を支える確かな指導者としての表現

技法などを身につけておくことが必要でしょう。

　幼稚園教育要領では，領域「表現」の「内容の取扱い」において，子どもが「表現する過程を大切にして自己表現を楽しめるように工夫すること」が求められています。このことをふまえ，養成校において，学生自身の豊かな感性と表現を磨くカリキュラムの編成が緊急に求められているのです。

第4節 保育環境と子どもの表現

　本章では，子どもの感性と表現を育む視点から，領域「表現」の課題について考えてきました。つまり，社会の変化と子どもの表現，身体性と子どもの表現，保育者養成と子どもの表現という視点からその課題について論じてきました。ここでは，これらをふまえ，保育環境の現状を再考し，今後に向けての課題を考えていきたいと思います。

❶「保育の新と真」の視点から再考を

　わが国の保育の基盤を築いた倉橋惣三は，「保育の新と真」について述べています。そこでは，社会の変化に即して求められる対応としての「新」と，変わることのない保育の原則としての「真」をあげています。前述したように，現在，変化する社会のなかで子どもの育ちに対する危惧があげられています。そこには，子どもの表現という視点からも，危惧される育ちの側面がみられます。これに対して，保育の基本は環境を通して行うということであり，その原則は「真」として受け継がれているのです。このこと自体は，なんら問題はないのですが，肝心の環境の見直しが十分なされていないという実情があります。社会の変化に伴い，ゆったりとした子どもの時間が奪われ，子どもが主体となってかかわることのできる空間が激減し，核家族化・少子化に伴い多様な人とのかかわりが希薄化してきているのです。このような社会の変化に伴う社会環境のなかで，保育環境がどう対応していくかが真剣に議論されていないのです。幼稚園や保育所の環境をみてみますと，小学校の教室やグラウンドを思い起こすような園舎や園

第11章 保育内容「表現」の課題

庭という保育環境も多々みられます。新設される幼稚園や保育所においても，人工物をふんだんに取り入れた現代的な建築が多くみられます。高層化される近代的な生活空間と大差ない保育環境が新たに建築されている実情もあるのです。本当に，これからの時代を生きる子どもにとって必要な経験と，それを保障する保育環境が吟味されていないのです。

　かつて，倉橋惣三がかかわった「保育要領」において，保育の環境について詳しく記されていました。自然環境が豊かに存在していた当時から，倉橋は自然環境と子どものかかわりを重視し，表現者として生活することを保障しようとしたのです。もし，倉橋が現在の社会環境と保育環境を見たら，どのような示唆を私たちに示してくれるのでしょう。私たちは，過去の偉人からの声を聞き取り，さらに未来の人々の声に耳を傾けて，保育環境を整えていく必要があるのです。

❷身体性を取り戻す環境を

　上述したように，私たちは保育環境を見直していく必要があります。その際，身体性をどう取り戻せるかということを視野に保育環境を再考していく必要があると考えます。

　世界に目を向けてみますと，森の自然をそのまま保育環境として，保育を展開している実践があります。石亀泰郎『さあ森のようちえんへ』に紹介されている森の幼稚園は，デンマークのグラドサクサ市のグラドサクサ森の幼稚園で，1969年創立の歴史をもつパイオニア的存在です。その設立の目的は以下のとおりです。

【目的】
・子どもに自然を体験させる。
・森の動物や植物を尊重しつつ自然と交わらせる。
・四季を学ばせる。
・観察力をつけさせる。
・子どもの運動力，感覚，言葉，想像力，自立性，協調性を育てる。
・これらの発達の可能性は，それぞれの子どものテンポをもととする。

　写真家の石亀氏の写真には，子どもが全身で森とかかわり，表現者として輝いている姿が写し出されています。四季を通じて変化する森の表情にあわせて子どもの表現も変化しているのです。自然のなかで

▶5　「保育要領」（1948年）より，抜粋。
　できるだけ自然のままで，草の多い丘があり，平地があり，木陰があり，くぼ地があり，段々があって，幼児がころんだり，走ったり，自由に遊ぶことができるようなところがよい。（中略）子供は高い所に上がるのが好きである。庭に小高いところがあるとよい。運動場の一角に小山を築き，その中に直径半メートルくらいの土管を敷いてトンネルを作ると，子供はその中をくぐり歩けるのでよろこぶ。

▶6　石亀泰郎『さあ森のようちえんへ』ぱるす出版，1999年

育つ子どもの感性と表現を見ることができます。

　このような取り組みは，わが国でも徐々に広がりつつあります。たとえば，学校に森をつくろうという取り組みを進めている実践もあります。ここでは，保育の場のみならず，小・中・高等学校でもその取り組みを展開しています。園庭や校庭に森をつくり，子どもと地域と地球をつなぐホリスティック教育として進めています。保育者養成校でも，ぜひこのような取り組みに関心を寄せてほしいものです。保育者として育つ学生が，日常的に身体で自然環境とかかわり，自らの身体性を磨き，表現力を高めていく必要があります。

　また，子どもが育つ保育環境を危惧する環境デザインの研究者や保育研究者，保育実践者らが共に，保育環境を考えていこうとする取り組みもみられます。第9章で取り上げた実践園では，さまざまな研究者との共同研究により保育環境を考えて，紹介したような実践を展開しているのです。第9章で取り上げることができなかったW保育所では，保護者や地域の人々を巻き込みながら年月をかけて保育環境をつくり，地域のコミュニティとして保育の場を位置づけています。山あり谷あり，温泉ありの保育の場は，さまざまな人々の集う場となっているのです。また，K保育所では，園全体が森のように造られ，小川が流れ山あり谷あり，トンネルありの変化に富んだ保育環境となっています。これらの場には，いつのまにか保護者や地域の人々が集まり，多様な表現者の集う場となっているのです。このような場で，子どもたちの感性と表現も豊かに育まれていくのだといえます。私たちは，斬新な発想と周囲の人々を巻き込む知恵をもって，これからの保育環境を創造していく必要があるのです。

➡7　日本ホリスティック教育協会・今井重孝・佐川通（編）『学校に森をつくろう！』せせらぎ出版，2007年
　なお，ホリスティックとは，"つながり"の再生をめざす人間形成への試みすべてを包括する「考え方の枠組み」を指します。

➡8　環境のなかに身をゆだね，音を全身でとらえようとする取り組みもあります。それについては，以下の文献を参照してください。
　鳥越けい子『サウンドスケープの詩学』春秋社，2008年

さらに学びたい人のために

- **本田和子『子どもが忌避される時代』新曜社，2007年**
  子どもがリスクと考えられるようになった心性の変化を日本の近代化に伴う家族空間，都市空間，メディアなどに視点を当てて探っています。
- **鈴木みどり（編）『メディア・リテラシーの現在と未来』世界思想社，2001年**
  メディア・リテラシーの定義，基本概念，分析モデルなど，理論的枠組みの説明があり，具体的なワークショップの組み立てが提案されています。
- **日本保育学会（編）『戦後の子どもの生活と保育』相川書房，2009年**
  近代から現代の保育における生活の実態を分析し，必要な生活環境をまとめています。

演 習 問 題

1. 子どもの豊かな感性と表現を育む園環境について考えてみましょう。具体的には，「こんな園があったらいいのに」「こんな園で過ごしたい」と考えを出し合い，実際に園舎や園庭の設計図を描いてみましょう。
2. みずからの身体性を取り戻す方法について具体的に考え，実際に仲間と一緒に試みてみましょう。

執筆者紹介　執筆順／担当章

平田智久（ひらた　ともひさ）編者　第1章　第8章
1947年生まれ。十文字学園女子大学名誉教授。
主著　『子どもとデザイン』（単著）サクラクレパス出版部
　　　『毎日が造形あそび』（編著）学研

砂上史子（すながみ　ふみこ）編者　第2章　第3章　第9章第1節❸・第3節❸
1972年生まれ。千葉大学教授。
主著　『子育て支援の心理学』（共著）有斐閣
　　　『保育内容　領域「言葉」』（共編著）みらい

小林紀子（こばやし　としこ）編者　第4章　第9章第2節❸・第4節❸
　　　　　　　　　　　　　　　　　　　第11章第1節・第4節
1951年生まれ。青山学院大学教授。
主著　『私と私たちの物語を生きる子ども』（編著）フレーベル館
　　　『メディア時代の子どもと保育』（単著）フレーベル館

横山洋子（よこやま　ようこ）第5章　第6章
1962年生まれ。千葉経済大学短期大学部教授。
主著　『子どもの心にとどく指導法ハンドブック』（単著）ナツメ社
　　　『悩まず書ける！　連絡帳の文例集』（単著）U-CAN

岡本拡子（おかもと　ひろこ）第7章
1962年生まれ。高崎健康福祉大学教授。
主著　『保育園は子どもの宇宙だ！　トイレが変われば保育も変わる』（編著）
　　　北大路書房
　　　『つくってさわって感じて楽しい！　実習に役立つ表現遊び』（編著）
　　　北大路書房

石井稔江（いしい　としえ）第9章第1節❶・❷
1947年生まれ。かぐのみ幼稚園園長。
主著　『すてきな出会いと豊かな体験を』（単著）エイデル研究所

松村容子（まつむら　ようこ）第9章第2節❶・❷
1927年生まれ。2010年逝去。元あゆみ幼稚園園長。
主著　『育ちあい』（単著）スペース社

井口佳子（いぐち　よしこ）第9章第3節❶・❷
1946年生まれ。中瀬幼稚園園長。
主著　『幼児期を考える』（単著）相川書房
　　　『0歳からの表現・造形』（共著）文化書房博文社

渡辺英則（わたなべ　ひでのり）第9章第4節❶・❷
1957年生まれ。ゆうゆうのもり幼保園園長，港北幼稚園園長。
主著　『よくわかる保育原理』（共著）ミネルヴァ書房
　　　『いま，幼稚園を選ぶ』（共著）赤ちゃんとママ社

酒井幸子（さかい　さちこ）第10章
1945年生まれ。武蔵野短期大学客員教授。同附属幼稚園園長。
主著　『保育内容人間関係』（編著）萌文書林
　　　『よくわかる子育て支援・家庭支援論』（共著）ミネルヴァ書房

有村さやか（ありむら　さやか）第11章第2節・第3節
1978年生まれ。小田原短期大学准教授。
主著　『よくわかる，心にひびく，はじめの一歩　保育入門テキスト』（共著）
　　　萌文書林
　　　『オルフ・シュールヴェルクの研究と実践』（共著）朝日出版社

最新保育講座⑪
保育内容「表現」

2010年 3 月10日　初版第 1 刷発行　　〈検印省略〉
2019年 3 月 1 日　初版第12刷発行

定価はカバーに
表示しています

編　者	平　田　智　久
	小　林　紀　子
	砂　上　史　子
発行者	杉　田　啓　三
印刷者	江　戸　孝　典

発行所　株式会社　ミネルヴァ書房
607-8494 京都市山科区日ノ岡堤谷町 1
電話代表（075）581-5191
振替口座 01020-0-8076

© 平田・小林・砂上他，2010　　共同印刷工業・藤沢製本

ISBN978-4-623-05573-9
Printed in Japan

最新保育講座

B5判／美装カバー

1. 保育原理
   森上史朗・小林紀子・若月芳浩 編
   本体2000円

2. 保育者論
   汐見稔幸・大豆生田啓友 編
   本体2200円

3. 子ども理解と援助
   髙嶋景子・砂上史子・森上史朗 編
   本体2200円

4. 保育内容総論
   大豆生田啓友・渡辺英則・柴崎正行・増田まゆみ 編
   本体2200円

5. 保育課程・教育課程総論
   柴崎正行・戸田雅美・増田まゆみ 編
   本体2200円

6. 保育方法・指導法
   大豆生田啓友・渡辺英則・森上史朗 編
   本体2200円

7. 保育内容「健康」
   河邉貴子・柴崎正行・杉原 隆 編
   本体2200円

8. 保育内容「人間関係」
   森上史朗・小林紀子・渡辺英則 編
   本体2200円

9. 保育内容「環境」
   柴崎正行・若月芳浩 編
   本体2200円

10. 保育内容「言葉」
    柴崎正行・戸田雅美・秋田喜代美 編
    本体2200円

11. 保育内容「表現」
    平田智久・小林紀子・砂上史子 編
    本体2200円

12. 幼稚園実習 保育所・施設実習
    大豆生田啓友・高杉 展・若月芳浩 編
    本体2200円

13. 保育実習
    阿部和子・増田まゆみ・小櫃智子 編
    本体2200円

14. 乳児保育
    増田まゆみ・天野珠路・阿部和子 編
    未定

15. 障害児保育
    鯨岡 峻 編
    本体2200円

新・プリマーズ

A5判／美装カバー

社会福祉
石田慎二・山縣文治 編著
本体1800円

児童家庭福祉
福田公教・山縣文治 編著
本体1800円

社会的養護
小池由佳・山縣文治 編著
本体1800円

社会的養護内容
谷口純世・山縣文治 編著
本体2000円

家庭支援論
高辻千恵・山縣文治 編著
本体2000円

保育相談支援
柏女霊峰・橋本真紀 編著
本体2000円

発達心理学
無藤 隆・中坪史典・西山 修 編著
本体2200円

保育の心理学
河合優年・中野 茂 編著
本体2000円

相談援助
久保美紀・林 浩康・湯浅典人 著
本体2000円

ミネルヴァ書房
http://www.minervashobo.co.jp/